MILLIOON MIND

EDIÇÃO ESPECIAL
MILLIOON CLUB

MILLI∞N MIND

PABLO MARÇAL

ENCONTRE MAIS
LIVROS COMO ESTE

Copyright desta obra © IBC - Instituto Brasileiro De Cultura, 2024
Sob Licença - Pablo Marçal
Reservados todos os direitos desta produção, pela lei 9.610 de 19.2.1998.

1ª Impressão 2024

Presidente: Paulo Roberto Houch
MTB 0083982/SP

Coordenação Editorial: Priscilla Sipans
Coordenação de Arte: Rubens Martim

Editora-chefe e Publisher: Elis Freitas
Editora-executiva e Coordenadora Editorial: Sandra Selino
Transcrição: Andréia Boeira, Cássia Fernanda Oliveira Souza, Cristina Barbosa dos Santos de Freitas, Izolde Schneider Vasques, Laís de Oliveira, Jusiley Sene, Noemy dos Santos Costa e Priscila Satiro
Preparação: Andréia Boeira, Cristina Freitas, Priscilla Reis B. Bizerra, Priscila Satiro e Sandra Selino
Revisão: Cledson Silva de Jesus e Sandra Selino
Projeto Gráfico e Diagramação: Rogério Salgado
Capa: Gerson Nascimento
Arte-Final: Rogério Salgado

Vendas: Tel.: (11) 3393-7727 (comercial2@editoraonline.com.br)

Foi feito o depósito legal.
Impresso na China

Dados Internacionais de Catalogação na Publicação (CIP)
de acordo com ISBD

M313m   Marçal, Pablo

           Million Mind / Pablo Marçal. - Barueri : Camelot Editora, 2024.
           328 p. ; 15,1cm x 23cm.

           ISBN: 978-65-6095-045-0

           1. Autoajuda. I. Título.

2023-3751   CDD 158.1
                                                       CDU 159.947

Elaborado por Odilio Hilario Moreira Junior - CRB-8/9949

IBC — Instituto Brasileiro de Cultura LTDA
CNPJ 04.207.648/0001-94
Avenida Juruá, 762 — Alphaville Industrial
CEP. 06455-010 — Barueri/SP
www.editoraonline.com.br

SUMÁRIO

Introdução... 13

PARTE 1 17

Capítulo 1 - Odeie a pobreza 19
Capítulo 2 - Como sepultar a escassez 45
Capítulo 3 - Como ser no mínimo 17x mais rico
 que seus pais? 63
Capítulo 4 - Da CLT ao milhão........................... 85
Capítulo 5 - De call center a bilionário................ 95
Capítulo 6 - Descubra os bloqueios que te
 impedem de alcançar o milhão 111

PARTE 2 119

Capítulo 1 - Como acessar a sabedoria
 e ativar a riqueza 121
Capítulo 2 - O Segredo para criar oportunidade
 e ter atitude............................... 143
Capítulo 3 - Como sair das dívidas 155
Capítulo 4 - Como matar uma ideia 169
Capítulo 5 - 7 Ações para você se tornar 7x mais
 próspero.................................... 177

Capítulo 6 - Como criar uma nova fonte de renda
em 24h 189
Capítulo 7- A chave para acessar o milhão
em 2023 199

PARTE 3 205

Capítulo 1 - Desbloqueio da mente milionária 207
Capítulo 2 - A arte de vender e fazer milhões............ 219
Capítulo 3 - Negociação e vendas: Como vender
no mínimo 3x mais 247
Capítulo 4 - Multiplique talento e acelere o
crescimento da sua empresa................ 261
Capítulo 5 - Ninguém vence o ambiente 283
Capítulo 6 - Networking milionário — como
criar relações para chegar ao Milhão 297

Capítulo 7 - As 7 Habilidades necessárias para
ser um milionário 313

Conclusão 325

A RIQUEZA NÃO PRECISA SER ACHADA OU CONQUISTADA, ELA JÁ ESTÁ EM VOCÊ E SÓ PRECISA SER ATIVADA.

PREFÁCIO

Fazer o primeiro milhão parece algo impossível para a grande maioria das pessoas, mas, quando você lê um livro, constrói uma crença e conhece algum milionário, você começa a mudar sua mentalidade a partir disso.

Com 13 anos de idade eu li um livro que mudou a minha vida: Os segredos da mente milionária. A partir dessa leitura, tive total entendimento de que seria muito próspero. Não tinha um valor definido em mente, mas eu tinha certeza de que daria certo, de que enriqueceria financeiramente, depois descobri um conceito ainda mais abrangente, o conceito de prosperidade: ser rico em todos os âmbitos.

Vale a pena destacar que existe o tempo de curva de aprendizado, e fazer o primeiro milhão pode parecer difícil ou até impossível, mas, depois que você atinge esse resultado, fazer o segundo milhão é inevitável. No meu caso, fiz o segundo milhão três meses depois do primeiro. O que parecia impossível aconteceu com 22 anos.

Hoje, três anos depois, tenho mais milhões do que idade, graças a Deus, a um bom trabalho e à sociedade que tenho com o Pablo e os vários projetos que estamos construindo juntos. Tenho consciência também de que esse resultado gigantesco é fruto dos drivers mentais de um milionário, e agora chegou a sua vez de você acessar esses drivers.

Prefaciar esta obra – Million Mind – é de grande relevância para mim, pois sou prova do poder transformador de uma leitura. E, tratando-se de Brasil, onde o sistema é estruturado para manter o povo na pobreza e na dependência das migalhas de um estado assistencialista, este livro constitui-se em um marco na vida de milhares de brasileiros.

Você tem em mãos uma obra que aborda temas como: acesso à sabedoria e ativação da riqueza, bloqueios mentais relacionados à escassez, compra e venda, negociação, networking, tráfego pago e muitos conteúdos que lhe permitirão sair do ponto A para o B mediante o seu comprometimento com o

PREFÁCIO

aprendizado, pois quem tem a mente milionária sabe que antes de ter é preciso ser e fazer.

Boa leitura!

MARCOS PAULO

(Fundador e CEO da PLX Digital, a maior agência de lançamentos da América Latina, Marcos é o lançador e estrategista digital mais reconhecido do Brasil, e faturou mais de 100 milhões de reais pela agência no ano de 2020. Escritor, mentor e palestrante.)

INTRODUÇÃO

Para muitas pessoas, ter um milhão de reais na conta bancária lhes parece algo impossível. Se você é uma das pessoas que pensa dessa forma, devo dizer que você realmente nunca terá essa quantia em sua conta. Meu papel aqui não é desapontá-lo, pelo contrário, este livro tem como objetivo lhe mostrar que é possível alcançar o primeiro milhão. Algumas ações precisam ser tomadas a fim de que tenha um milhão em sua conta bancária. É preciso fazer, para depois ter.

Entre as muitas informações que você encontrará durante esta leitura, está a de que, para acessar a riqueza, você precisa desbloquear sua mente. Sim, há milhares de pessoas que não prosperam em todas as áreas da vida devido a crenças instaladas na infância, principalmente no que diz respeito à questão financeira, muitos cresceram ouvindo que "dinheiro é sujo" ou "o dinheiro é a raiz de todos os males". Sem contar que, se for uma pessoa religiosa, fizeram-na acreditar que os ricos não herdarão o Reino de Deus.

Você sabia que a Bíblia fala mais sobre riqueza do que de salvação? Leia a Bíblia, Abraão, José do Egito, Davi, Salomão são alguns dos exemplos de homens prósperos que encontramos nos textos sagrados. Então, por que muitos que se dizem cristãos ainda vivem uma vida miserável? Por que é mais fácil invejar e criticar quem prospera do que perguntar o que essa pessoa fez para ser bem-sucedida?

Garanto a você que destravar sozinho é muito difícil, é por isso que você precisa fazer parte de um clube que vai ajudá-lo. Se você não tem um amigo milionário, precisa ter pelo menos dois ou três que querem destravar o milhão para estar envolto nessa frequência.

Se você confiar no que estou lhe falando, ainda assim não é isso que vai fazer você bater o seu resultado, a confiança é o mínimo, se você quer mudar de nível para bater o resultado, precisa estar 100% comprometido. Se você confiar no que estamos falando, o seu sistema de crença fica aberto para editá-lo

INTRODUÇÃO

juntamente com você, mas, se você não autorizar essa edição, vai ficar com a mente fixa uma vida inteira.

O que temos que observar agora é que, se você está 100% determinado, nunca mais vai parar, porque não tem como parar uma pessoa que está com a mentalidade aberta e totalmente comprometida, esse é o segredo. Anote isto: sonho é para quem está dormindo, quando você acordar, assim como eu e milhares de pessoas acordaram, você vai prosperar e parar de dar desculpa.

Sempre falo em minhas palestras que a riqueza é natural, e a pobreza é resistência! Se você está com este livro nas mãos, é porque tomou a decisão de não resistir ao que Deus já estabeleceu para você, bem-vindo ao clube dos governantes! Quero que você entenda: independentemente do lugar onde você estiver, pode fazer parte do Million Club, e isso aumentará sua frequência, porque clube é frequência. Eu, por exemplo, faço parte de diferentes clubes, e admito que muitas vezes o que define o que eu faço não é o que eu desejo e sim o que o clube no qual estou inserido faz. Portanto, comprometa-se com este clube do qual sairão os novos milionários de nosso país!

Aproveite esta leitura para desbloquear e acessar o que é seu por direito. Deus nos fez para prosperar e desfrutar o melhor que deixou na Terra, não podemos aceitar nada menos que isso, todavia precisamos fazer nossa parte, porque alguém rico e próspero é aquele que não para de crescer, de aprender, de avançar, essa é a verdadeira riqueza.

Bora prosperar!

CAPÍTULO 1

ODEIE A POBREZA

Você já se perguntou o que há na casa de todo multimilionário americano? Em quase todas as casas há uma biblioteca. Por que será que isso acontece? Anote uma expressão para nunca mais esquecer: L L – lifelong learning – que quer dizer aprendizado longo, ou seja, estudar a vida inteira. Neste sentido, os livros serão utilizados por toda a vida. Leia pelo menos uma página ao dia, talvez mais, se você tiver bastante tempo, e coloque isso como uma meta em sua vida.

Pessoas improdutivas ou semiprodutivas estudam apenas para passar em uma prova, ganhar uma profissão, fazer um concurso e garantir a estabilidade. Mas pessoas ricas, lembrando que ser rico não é ter dinheiro, mas ser uma pessoa que não para de crescer, prosperar e avançar – essa é a verdadeira riqueza –, estudam por toda a vida, mesmo depois que já obtiveram sucesso financeiro, profissional e até depois que já estão aposentados, continuam aprendendo. E por quê?

Porque o compromisso dessas pessoas com a vida é o de continuar aprendendo. E, quando se aprende a aprender, a mente expande para uma realidade imaginativa. Mas o que é a realidade imaginativa? Toda realidade construída pelo homem de modo artificial e ideológica pode ser considerada uma realidade imaginativa. Pessoas, animais, rios e árvores, tudo que é natural é da realidade física, mas empresas não, pois elas estão na realidade imaginativa. Essa realidade imaginativa irá abrir sua mente, pois de fato as empresas não existem. O que existe são pactos emocionais.

Como isso acontece? Se o Brasil mudasse de nome agora e alguém quisesse chamá-lo por outro, acabaria o pacto do Brasil. Esses nomes de coisas artificiais significam a realidade imaginativa, pois, quando duas ou mais pessoas imaginam algo e entram em acordo, criam uma cultura em torno disso. Se nos últimos 500 anos nos tornamos uma nação, há 700 anos éramos algo diferente, pois era outro pacto. Naquela época, não havia pessoas para colocar nomes e fazer acordos.

Neste sentido, as empresas são artificiais, pois são pactos. Pactos de quem? Dos sócios, colaboradores, fornecedores e da sociedade em geral. Tanto é verdade que algumas empresas "quebram", e é difícil, às vezes, para um governo de um país, permitir que grandes empresas quebrem, porque isso abala a realidade imaginativa criada em torno delas.

O que está acontecendo nos Estados Unidos agora é que grandes bancos, principalmente o banco do Vale do Silício, quebrou. Poderiam muito bem falar: "esses bancos quebraram porque são incompetentes", "problema é seu" e fechar as portas, mas não podem, pois isso abala a realidade imaginativa falada anteriormente. Então, o FED, que é o Federal Reserve dos Estados Unidos, equivalente ao Banco Central, está injetando dinheiro público nos bancos e os incentivando: "Você não quebrou, nós vamos ajudá-lo, porque esses pactos, que são emocionais, não podem ser abalados."

Várias empresas não conseguiram permanecer no ramo e não existem mais. Existem empresas que quebraram há 500 anos e continuarão quebrando. Mas o que faz uma empresa quebrar? Tudo começa na cabeça do dono, mas é quando o pacto é quebrado na realidade imaginativa.

Sua empresa é pequena, porque o pacto é pequeno. Se você é CLT, é porque você ainda não fechou um pacto com alguém para oferecer seu produto, serviço e acesso. Abrir uma empresa não é apenas preencher um papel, é ter um pacto sobre o produto, o serviço e o acesso.

Se todos acreditarem que ter um carro é muito caro, o serviço de transporte, como o Uber, vai explodir e fazer todo mundo mudar o comportamento. É bem fácil, é só investir em novelas, filmes e abalar culturalmente esse pacto social, mudando a percepção das pessoas. Logo, você vai pensar: "Eu não vou investir dinheiro em carro, porque é um desperdício". Mas existe outro pacto: se você tem um carro, será avaliado por ele.

Se você não agir rapidamente, você não terá sua própria casa e cada dia irá desejar morar em lugares menores, porque esse é o pacto que está acontecendo agora, a realidade imaginativa atual é que todos querem ficar no mesmo lugar e, para isso, é necessário diminuir a metragem quadrada. Você sabia que os chineses, por exemplo, estão liderando a construção civil mundial e estão fazendo as pessoas morarem em espaços de 10m²?

Essa tendência pode chegar ao Brasil, porque as pessoas querem a todo custo entrar em bairros de alto padrão. E é aí que acontece: eles trarão essa mentalidade e oferecerão espaços cada vez menores e venderão a ideia de que 1 milhão de reais custará apenas um metro quadrado. As pessoas não se importarão mais com a qualidade de vida, porque quem trabalha demais não tem tempo para se preocupar com isso. Quando você se der conta, essa ideologia já tomou sua mente.

O curso superior que é considerado o melhor do Brasil é Medicina, por isso é a faculdade mais concorrida, logo, é a mais desejada. Contudo, as férias dos médicos custam dois meses de salário. Quem ganha R$100.000 para ficar 30 dias de férias gasta R$ 200.000. Mas eles fazem isso? Não, porque eles sempre vão gastar mais do que ganham. Eu conheço alguns médicos que não viajam para evitar esse rombo. Então, entender isso vai mudar completamente sua cabeça porque você está debaixo desses pactos.

O PACTO

Por que alguns negócios não são grandes? Porque faz pacto pequeno. Há pessoas que têm preconceito com a palavra pacto, porque a relacionam com o diabo, e existem mesmo pactos com o diabo, mas esses, se forem quebrados, do acordo para frente, tudo dá errado. Mas o pacto de que estou falando não funciona dessa forma.

> Quanto mais você serve, mais próspero se torna.

O mais interessante é que, às vezes, você nunca tenha feito um pacto diretamente, mas fez um pacto indireto, o pacto de não respeitar quem você é, o pacto de andar com gente que não serve para absolutamente nada. Não que a pessoa não seja digna de respeito, mas ela não serve, porque quem não serve aos outros não serve para nada.

Nossa vida é um intento. Precisamos entender um código: entender que maior é o que serve. Então o que temos que fazer? Servir uns aos outros. Esse é um dos pactos que você deve ter. Quanto mais você serve, mais próspero se torna.

Em relação às empresas, quando você faz esse pacto – uma forma de amplificar, usando propaganda, marketing – você pode amplificar o pacto mostrando a confiabilidade do que você tem. E as pessoas, por confiar naquilo que você está falando, fazendo, nos testemunhos, na qualidade daquilo que você entrega, dão mais credibilidade ao pacto.

    Essa é a realidade imaginativa. Devemos valorizar as coisas reais e tomar cuidado com as coisas imaginárias. Eu aprendi isso com um grande mentor e fez muita diferença em minha vida. Por que a palavra realidade está na frente? Nada que é artificial, nada que é industrializado, nada que é transformado é real. A inteligência artificial nunca será real, mas é uma realidade imaginativa, porque dois ou mais fecharam um pacto.

    A moeda de um país é uma construção abstrata cujo valor pode variar significativamente de um dia para o outro, em função das decisões tomadas no mercado financeiro. Embora essas flutuações tenham um impacto considerável na economia, é importante lembrar que o valor da moeda é, em última instância, uma realidade imaginativa.

    Se você mantiver a crença imaginária de que não sabe lidar com dinheiro, isso irá prejudicá-lo a longo prazo. É essencial que você compreenda a situação e desfaça esses pensamentos negativos sobre si mesmo. Se você não for tão habilidoso em questões financeiras como gostaria, pode buscar cursos e investir tempo nisso, pois ninguém nasce sabendo tudo.

    O cérebro humano consegue imaginar e conceber de uma forma ou de outra. Deus já provou que o homem faz o que quiser. Em Gênesis 1:6-8, Ele fala: "E disse Deus: Haja um firmamento no meio das águas, e haja separação entre águas e águas. Fez, pois, Deus o firmamento, e separou as águas que estavam debaixo do firmamento das que estavam por cima do firmamento. E assim foi. Chamou Deus ao firmamento céu. E foi a tarde e a manhã, o segundo dia."

A BASE DA REALIDADE IMAGINATIVA É A UNIDADE

É importante que você compreenda que a realidade imaginária é uma criação da sua própria mente e, por isso, é fundamental que você saiba distinguir o que é real do que é fruto da sua imaginação. Se você perceber que é algo que foi gerado pela sua mente, comece a questionar e, se necessário, modifique sua forma de pensar a respeito disso.

> Acredite, tudo o que você intencionar em seu coração é possível realizar!

Eu não avalio pessoas por resultados, por performances. Avalio por unidade e linguagem.

O tripé que utilizo para permitir que as pessoas acessem nosso ecossistema é composto por simplicidade, lealdade e coração ensinável. Se não houver unidade e linguagem, qualquer um pode sair a qualquer momento e causar prejuízos, mas isso não me importa.

Já tive desavenças com alguns sócios, mas sempre olho nos olhos deles e sinto a energia diferente. Essa sabedoria é adquirida ao longo do caminho, através do olhar e da fala das pessoas. Se alguém se desconectar do negócio, eu pergunto o que essa pessoa quer, e se ela quiser sair, tudo bem.

Eu gosto muito das pessoas, mas não permito que alguém caminhe comigo somente porque eu gosto dela, porque ela é interessante ou porque me dá lucro. No nosso ecossistema, que é pujante, galopante, exponencial e assustador, não há ninguém que não tenha unidade de linguagem. Mais do que buscar resultados e lucros, é preciso buscar pessoas que estejam em sintonia, pois é assim que o pacto se torna poderoso na realidade imaginativa.

O QUE É REAL E O QUE É ARTIFICIAL?

A ilusão é um devaneio mental que não se conecta com a realidade; não se pode criar um pacto imaginativo, pois isso impede a realização. Quando Henry Ford expressou seu desejo de ter um motor V6 em um único bloco, os engenheiros especializados afirmaram que não seria possível. Quando Firestone declarou que queria criar uma máquina pneumática, também disseram que não seria viável. E quando Steve Jobs disse que queria um iPhone com apenas um botão, todos riram e disseram que não seria possível. Da mesma forma aconteceu quando ele falou que queria um iPod do tamanho de uma moeda, a resposta foi a mesma: "Não há como fazer isso".

O que importa é que, se houver interesse, é possível realizar esses projetos. Mas irá concretizar se duas ou três pessoas acreditarem na mesma ideia, tiverem a mesma linguagem e compartilharem o mesmo propósito.

Se você tem uma empresa de milhões de reais e possui um sócio que não compartilha da mesma linguagem, é importante resolver esse problema o mais rápido possível. Se não conseguir, é lucrativo ceder sua parte para esse sócio e deixá-lo ir embora. Caso contrário, você pode ficar anos sem prosperar e achar que tem 500 mil reais parados na empresa, enquanto poderia estar avançando e faturando 10 ou 50 milhões de reais com pessoas que compartilham da mesma visão que você.

Não se trata apenas de concordância, mas sim de ter pessoas com a mesma frequência que você, seja em casamentos, sociedades ou amizades. Na página 27 do livro Os Códigos do Milhão, encontra-se a seguinte citação: "É importante lembrar que uma mentira repetida diversas vezes pode se tornar uma verdade, mas isso não significa que devemos mentir. Precisamos saber detectar quando as pessoas começam a fechar um acordo em cima de mentiras e evitar que isso aconteça".

Essa técnica foi utilizada pelo ministro de comunicação do Hitler para propagar mentiras e criar um pacto em cima delas. "Uma mentira repetida mil vezes torna-se verdade", essa frase é de Joseph Goebbels, que foi ministro da Propaganda de Adolf Hitler na Alemanha Nazista, exercendo severo controle sobre as instituições.

É lamentável, mas precisamos entender que isso acontece e não devemos compactuar com esse tipo de prática. Precisamos continuar prosperando e evoluindo, sempre baseados na verdade e em acordos transparentes e honestos.

Todo produto da imaginação, quando repetido constantemente, pode se tornar um sofisma, ou seja, uma mentira ou uma verdade distorcida na mente. Será que você acredita que uma mentira dita mil vezes pode se tornar verdade? Na política, alguns charlatões utilizam essa técnica para influenciar a opinião pública.

Quando eu era criança, com apenas 10 anos, perguntei ao pastor por que algumas pessoas que não frequentavam a igreja nem contribuíam com dízimos conseguiam prosperar. O pastor respondeu que a prosperidade dessas pessoas não vinha de Deus e que um dia Ele iria tomar tudo delas. Isso é uma mentira.

Na verdade, a prosperidade vem dos princípios que você segue e não importa se você está fazendo certo ou errado, se você segue os princípios, você vai prosperar. É alarmante que muitas pessoas religiosas não acreditem nisso, mas eu posso comprovar que a maioria delas tem a palavra da verdade, mas não praticam o que pregam.

O que falta é juntar dois ou mais que têm a mesma coisa em mente e trabalhar duro até atingir seus objetivos. Sempre há uma desculpa, como "não é o tempo de Deus", mas, na realidade, a culpa é da própria pessoa. A Bíblia afirma que "Tudo tem o seu tempo determinado, e há tempo para todo o propósito debaixo do céu" Eclesiastes 3:1.

As pessoas costumam dizer que sempre é tempo de prosperar, mas muitas vezes não entendem o que isso significa. É como plantar no mês errado, se não dá para plantar uma coisa, plante outra. Quando chove muito, é o tempo das águas e há sementes que só crescem nessa época. Então, se você quer prosperar, siga os princípios e plante na hora certa.

O que faz prosperar é o princípio. Fazendo certo ou errado, você vai prosperar do mesmo jeito. Se seguir o princípio, vai prosperar. Isso é alarmante para muitas pessoas que não acreditam nessas coisas. Na realidade imaginativa da pessoa, ela sempre coloca a culpa em Deus quando as coisas não dão certo. Sempre é possível prosperar, muitas pessoas dizem isso, mas nem sempre é fácil entender como fazer.

> O que faz prosperar é o princípio.

A explicação é simples, assim como na agricultura, é preciso escolher a semente certa para o período adequado, por exemplo, se você estiver no período das águas, deve plantar sementes próprias para este período, caso contrário, a semente não irá germinar. Se já passou esse período, é preciso escolher uma semente adequada para o período seguinte, como a semente da seca. Algumas plantas têm ciclos longos de desenvolvimento, como o mogno, que leva cerca de 25 anos para voltar a crescer, ou a jabuticaba, que leva de 12 a 15 anos. Outras plantas, como o bambu chinês, podem crescer novamente em cinco anos, enquanto outras, como o arroz e a maçã, crescem novamente em períodos mais curtos.

A pergunta é: qual é o ciclo da prosperidade? Depende da semente que você planta. Se você fizer um pacto comigo para praticar tudo o que foi dito, cada um terá uma resposta financeira diferente, mas uma coisa é certa: para prosperar, é preciso escolher a semente certa e plantá-la no período adequado.

Irei ensinar a mesma coisa que já ensinei. Vocês precisam de uma boa terra, de uma boa semente, de um bom agricultor e de bom adubo. Agora, vamos para a diferença: por que alguns vão demorar mais? Imagine um agricultor que aprendeu a mesma coisa que todos, mas ainda não arrumou a terra. O que ele vai dizer? "Eu sei mexer na terra, o Marçal me ensinou, mas ainda não arrumei. Vou dar um jeito". Depois de um mês, podemos perguntar a ele: "E a terra?" Ele responderá: "Está difícil, está complicado. Desde que o Lula entrou, está complicado, o MST está querendo invadir as terras. Não acho a terra". Pergunto para outro agricultor e ele responde: "Rapaz, tem dois meses que eu plantei, a terra não é tão boa." Consegue perceber o que acabo de narrar? É isso que acontece com a maioria das pessoas, alguns têm resultados incríveis, e outros só contarão histórias.

> Para prosperar, é preciso escolher a semente certa e plantá-la no período adequado.

Há alguém que está contando história até agora: "Desculpem, mas é porque a terra está difícil de achar". Há outro que encontrou a terra ruim e mesmo assim plantou. Tem alguém com medo e esconde a semente. Um precisa do parceiro, pois quem tem bloqueio de abandono e rejeição não vai sozinho, enquanto alguém não se juntar a ele, não vai plantar.

Há um que descobriu uma boa terra, mas sua vida é tão boa que ele falou assim: "Vou curtir a vida primeiro, depois mexo com isso, porque o Pablo me ensinou a mexer com um milhão, mas eu já tenho tudo que quero. Não preciso disso". Tem todas as condições para ter um milhão, terra boa é tudo.

Todavia, quem plantou na terra ruim será o que terá o melhor resultado, porque mesmo que não seja 100 por 1 de resultado, sempre vai ser mais do que o que tinha inicialmente em mãos. Se você plantar algo, mesmo que não dê lucro, dará experiência e expertise. Na próxima vez, não vai mais plantar em terra ruim.

Por que a prosperidade é diferente quando se faz um pacto com alguém? Porque você não faz isso sozinho, você se junta com alguém e fala: "Vamos fazer isso juntos". Eu poderia ter muitos negócios sem sócio, mas descobri que não quero fazer nada sozinho. Tem hora que eu olho para alguém e sinto compaixão, e falo "você não serve nem para ser estagiário", mas eu acredito em você porque você é leal, simples e tem um coração ensinável. Nós falamos a linguagem do Reino e nosso propósito é transformar pessoas. Mas é importante que você reconheça a necessidade de melhorar.

Mesmo com a instrução igual, um está com a vida boa demais, outro está bloqueado com rejeição, outro está com medo, outro plantou na terra ruim porque não fez perguntas e o outro está dando desculpas.

A instrução está correta, mas a prática às vezes está torta ou inexistente. O que você tem que fazer vai depender do jeito que der, e se não der, vai do mesmo jeito. Um exemplo prático disso é que muitos pensam em criar um curso, mas a maioria continua só no pensamento porque todo mundo quer fazer um negócio e sabe o que fazer.

Eu já fiz cerca de 160 lançamentos e já lancei aproximadamente 43 cursos só meus. E por que estou contando isso? Porque sempre conheci o público que estava me ouvindo, extraí peças deles para que o resultado fosse mais satisfatório, vendi e depois fiz o negócio. Ainda dá mais resultado do que você tinha em mãos.

A média do Brasil de pessoas que concluem cursos on-line é de 7%. Você sabe disso? Mas 92% dos meus alunos conseguem concluir o curso. Isso ocorre porque eu não sou perfeccionista e não fico esperando pelo momento ideal. Vamos com o que dá e depois vamos adaptando. Você vai notar que estou lhe ensinando a realidade em vez de ficar imaginando. Isso porque esse é um dos códigos do milhão.

Por que você não consegue avançar? Porque você imagina algo e não tem um time que possa compartilhar essa imaginação e energizar o ambiente ao seu redor. Se não tiver um time que fale "vamos energizar o ambiente", você não vai conseguir.

Todas as esferas funcionam da mesma maneira, mas uma é invisível, outra é metafísica, outra é feita de luz e energia do Espírito, e outra é aquela que você pode tocar e ver, mesmo sem ver a parte elétrica. Funciona tudo igual, talvez você ache um absurdo, mas existem doenças sexualmente transmissíveis, então por que não haveria doenças na alma do mesmo nível?

Quando Deus falou com Salomão para não mexer com mulheres que curvam a cabeça para outros deuses, Ele estava falando de doenças espirituais, pois é idiota mexer com isso e ficar louco. Nunca vi nada acontecer no mundo espiritual que não aconteça no físico e vice-versa.

A Palavra fala que tudo que você liga na terra é ligado no céu, mas tudo que não está ligado precisa ser ligado. Então o céu é físico, não metafísico. Todas as coisas já existem, só precisam ser ligadas e funcionar. Tudo tem três esferas: corpo, alma e espírito.

Falando em números, na Bíblia, o número sete representa plenitude. Por que não criaram a oitava nota musical até hoje? São sete notas musicais e sete dias da semana. Eu comecei a explorar as coisas que Deus criou em até sete dias. Você corta sete camadas do cérebro, sete camadas de pele, e então o número sete se torna pleno e completo. Quando você começa a entender essas coisas, você se pergunta por que age como uma barata assustada o tempo todo se você é filho de um Deus perfeito? Talvez você precise de mais instrução. Eu posso lhe ensinar e alguns de vocês podem precisar de um ano, enquanto outros levarão dois anos para aprender e alguns nunca vão chegar lá.

Alguém perguntou o que aconteceria com as pessoas que não conseguem transformar sua fé ou crença, e a resposta é simples: elas não terão resultados. Vou contar um episódio que aconteceu comigo recentemente. No meu condomínio, há cerca de 50 patos entre marrecos, gansos e cisnes.

Eles cuidam do lago e da pista de corrida. No entanto, várias pessoas que moram lá passam e os assustam. Eu costumo correr lá com alguns amigos e sempre falo para prestarem atenção e dar o comando 'presente'. Quase todo mundo passa sem problemas. O fato é que, quando você olha para o animal, ele já sente a sua frequência e cresce, abrindo as asas para cima de você. Se você correr, ele virá atrás de você. Então, você precisa se concentrar e se encher de energia.

Se você passar perto deles com confiança, eles ficarão quietos e observarão você passar. Perceberam o que é presença de comando? Você olha para o animal e já fica preocupado. O animal já pegou a sua frequência. Ele cresce, abre a asa e vai para cima de você. Você pode correr ou ir para cima dele, levantando-se, colocando energia como se estivesse jogando água para fora do seu corpo. Quando você passa perto dele, ele fica quietinho ali, enquanto se um cachorro passar, eles saem correndo.

Certa vez, em um treinamento de executivos em uma fazenda em São Paulo, entramos com um cavalo no redondel. Eu disse para o meu sócio Marcos Paulo: "Todo mundo que quer algo, assuma a gestão do redondel. Como? Vai para o centro e encara o cavalo. Se o cavalo gostar de você, ele vai começar a mastigar e virar olheiro para você".

O Marcos Paulo achou que era só seguir essa instrução, mas há algo no coração do cavalo que parece uma bomba nuclear, ele sente o coração com muita sensibilidade. Eu não vou me esquecer dessa cena. O Marcos entrou com medo, porque ele tinha um trauma com cavalo. Ele entrou morrendo de medo, mas com a instrução certa. Quem tem instrução pode quebrar a cabeça e até demorar muito tempo, mas quebrando a cabeça, pode dar tudo certo.

Eu gosto muito de cavalo e aprendi a dar ré nele e a tocar o cavalo sem mexer as rédeas, só com o coração. O cavalo responde, porque ele sente. Parece mágica. Estou contando isso, porque é um grau de refinamento e ajuste. Você vai gostar tanto do cavalo, e o cavalo vai gostar tanto de você que ele vai perceber nas suas batidas o que você quer fazer. A coisa mais linda é que você pensa e vê a cena, e eu chorei horrores. Você vê o que é uma presença de comando, o que é governar.

Quem não tem instrução vai pagar muito caro. Quem tem instrução já está com o pé no lugar, mas precisa de desbloqueio. Realidade imaginativa é um dos códigos do milhão.

Você precisa fechar um pacto com quem tem a mesma linguagem e tem a mesma unidade que você. Precisa estar na mesma frequência. Assim como o cavalo, que, quando sente sua frequência, segue os seus comandos.

Existem coisas que a sua ignorância não vai validar, e sua participação pode ser limitada pelo seu nível de conhecimento. Pegue este código: unidade e linguagem.

Quantas empresas existem que só se preocupam com o preço? Você precisa mudar rapidamente sua mentalidade. Crie um pacto entre dois ou três, no mínimo. Quando todos se unirem em um propósito comum, tudo poderá ser alcançado diante do Deus vivo.

Eu fiz tudo o que disse que faria por minha esposa, meus filhos e minha própria vida. Isso foi possível, porque a base foi estabelecida. Quando você diz "não", é a fé em Deus que o ajuda a alcançar seus objetivos. Tenha fé em Deus e junte-se a duas ou três pessoas, você verá o que pode acontecer. Mas esteja conectado com essas pessoas e tenha a mesma linguagem. Se eu olhar para uma pessoa e a frequência dela não estiver mais como a minha, estará tudo bem, mas terei que me desconectar dela.

É difícil demais ser sensível no mundo espiritual, porque você percebe tudo pelo olhar e já aconteceu muito comigo: olhei para um sócio e percebi que não dava mais e desfiz o negócio. Não faça pacto com quem não tem unidade de linguagem, porque não vai funcionar, você não irá prosperar.

Outro ponto importante: Seja imprevisível! Se tudo que você fizer for previsível, você prosperará pouco. Quer prosperar muito? Seja

> Prosperar é o melhor negócio para se investir.

imprevisível, porque todo mundo normal é previsível em tudo que vai fazer, inclusive, na sua rotina, na sua vida, nos seus próximos 10 anos, 50 anos. Também não seja previsível nos negócios, pois esse é um grande problema. Quebre a cronologia! Prosperar é o melhor negócio para se investir.

> Dinheiro está em todos os lugares.

CINCO PASSOS DO DINHEIRO

O processo de construir riqueza envolve cinco passos: estudar, conquistar, multiplicar, patrimonializar e compartilhar. Esse é um conteúdo também disponibilizado no meu livro Os Códigos do Milhão, na página 113.

1º Passo: Estudar

Dinheiro está em todos os lugares. Eu fiz, no ano de 2022, 14% ao mês, mas ninguém me prometeu isso. A questão é que tive uma pequena sorte, comprei um precatório que foi pago. No outro ano, ele foi pago em três meses. Eu tinha chance de comprar um bilhão de precatórios, mas decidi comprar só um, então comprei um precatório de 75 milhões.

O que é precatório? É uma dívida que o governo tem com alguma empresa. Tem 200 famílias no Brasil que concentram 95% de todos os precatórios. Essas 200 famílias têm uma dívida que talvez essa dívida já tenha 30 anos, 20 anos, 10 anos e não recebem de jeito nenhum. Então, quando elas estão perto de receber, o Estado cria um caixa, começa a acelerar essa dívida e ela começa a valer mais. Tem pessoas que vendem a dívida por 5% do valor só para receber e acabar com isso. Nesse cenário, quem não tem pressa compra. E o que aconteceu?

Eu comecei a refinar as buscas, porque adoro esse tipo de negócio. Tinha precatório que eu achava que ia receber em seis meses, em um ano e meio, e não chegou ainda. Mas é necessário ter paciência. Eu acabei de falar sobre um assunto que a maioria de vocês pode nem estudar, mas aqui está um segredo: eu estudaria melhor.

Posso falar para você abertamente: ganhei 12 milhões por causa de um precatório. O dinheiro é fruto de ter coragem de estudar e aplicar, porque eu não trabalhei por esse dinheiro. Mas estudei o que era necessário para conquistá-lo. Precatório é uma arte que muita gente ganha muito dinheiro, e quem é bobo perde. Então, qual é o código do dinheiro? Estudar.

Sugiro que você estude para ganhar o mínimo de conhecimento desse assunto, porque uma hora você vai estar sentado numa mesa de reunião, vai ter gente falando disso e alguém vai lhe oferecer. Se você não está construindo algo para si mesmo, para sua família e para as gerações futuras, há algo errado, pois não está investindo no melhor negócio.

Finanças não se tratam apenas de dinheiro, mas de gestão. Comece estudando desde cedo e continue aprendendo sempre, pois, mesmo que você entenda sobre o assunto, ainda pode cometer erros. Para começar, estude livros, participe de eventos e assista a vídeos sobre finanças ou converse com alguém experiente no assunto.

Estudar é fundamental para qualquer pessoa que queira construir riqueza. É preciso conhecer o mercado financeiro, as diversas modalidades de investimento e entender como funciona a economia. É necessário também aprender sobre finanças pessoais, controle de gastos, planejamento financeiro e como administrar o próprio dinheiro.

2º Passo: Conquistar

Após estudar e adquirir conhecimento, é hora de conquistar. Esse passo envolve colocar em prática tudo o que foi aprendido e começar a investir o dinheiro de forma inteligente. É importante ter disciplina, persistência e coragem para tomar decisões acertadas no mercado financeiro. A parte mais difícil é a de conquistar, que exige prática após aprender toda a teoria.

> Estudar é fundamental para qualquer pessoa que queira construir riqueza.

3º Passo: Multiplicar

Depois de conquistar, é importante multiplicar seus ganhos, não apenas consumi-los. É preciso transformar o que foi conquistado em patrimônio, como dinheiro líquido ou investimentos em bolsa, imóveis, sociedades em empresas ou compras em leilões.

4º Passo: Patrimonializar

Aumentar o patrimônio investindo em diversas modalidades de investimentos, como ações, fundos imobiliários, imóveis, entre outros. É importante diversificar os investimentos para diminuir os riscos e aumentar as chances de rentabilidade. Declare: Eu configuro a minha mente para patrimonializar.

5º Passo: Compartilhar

Rios que não transbordam viram lagos, depois a água ganha lodo, fica barrenta e vira apenas uma história. Então seja doador de coisas, envolva-se em projetos sociais, faça doações em igrejas. Compartilhe!

O melhor investimento é aquele que lhe traz satisfação e que você mais gosta de fazer. Não espere até morrer para passar seus bens para frente.

Ensine seus filhos que nada é deles e incentive-os a aprender rapidamente os cinco passos do dinheiro para que possam ter sucesso financeiro. O objetivo final é deixar uma instrução valiosa para seus filhos, em vez de dependerem de uma herança.

O processo de construir riqueza não é simples e requer dedicação, estudo e muita disciplina, mas, seguindo esses cinco passos, é possível alcançar a tão desejada independência financeira e desfrutar de uma vida mais próspera e tranquila.

TAREFA:

- Você aprendeu neste capítulo a importância de fazer pactos com pessoas que estão na mesma frequência que você e falam a mesma linguagem. Faça uma relação das pessoas com as quais convive e verifique se há unidade entre vocês. Em seguida, escreva as atitudes que você irá tomar em relação às pessoas que não têm a mesma linguagem que você.

- Estudar é fundamental para quem deseja uma mentalidade próspera. Relacione os três últimos cursos que você fez ou está fazendo, bem como apresente os próximos passos a serem dados para praticar os conhecimentos adquiridos.

PUBLIC AND PRIVATE
SERIES

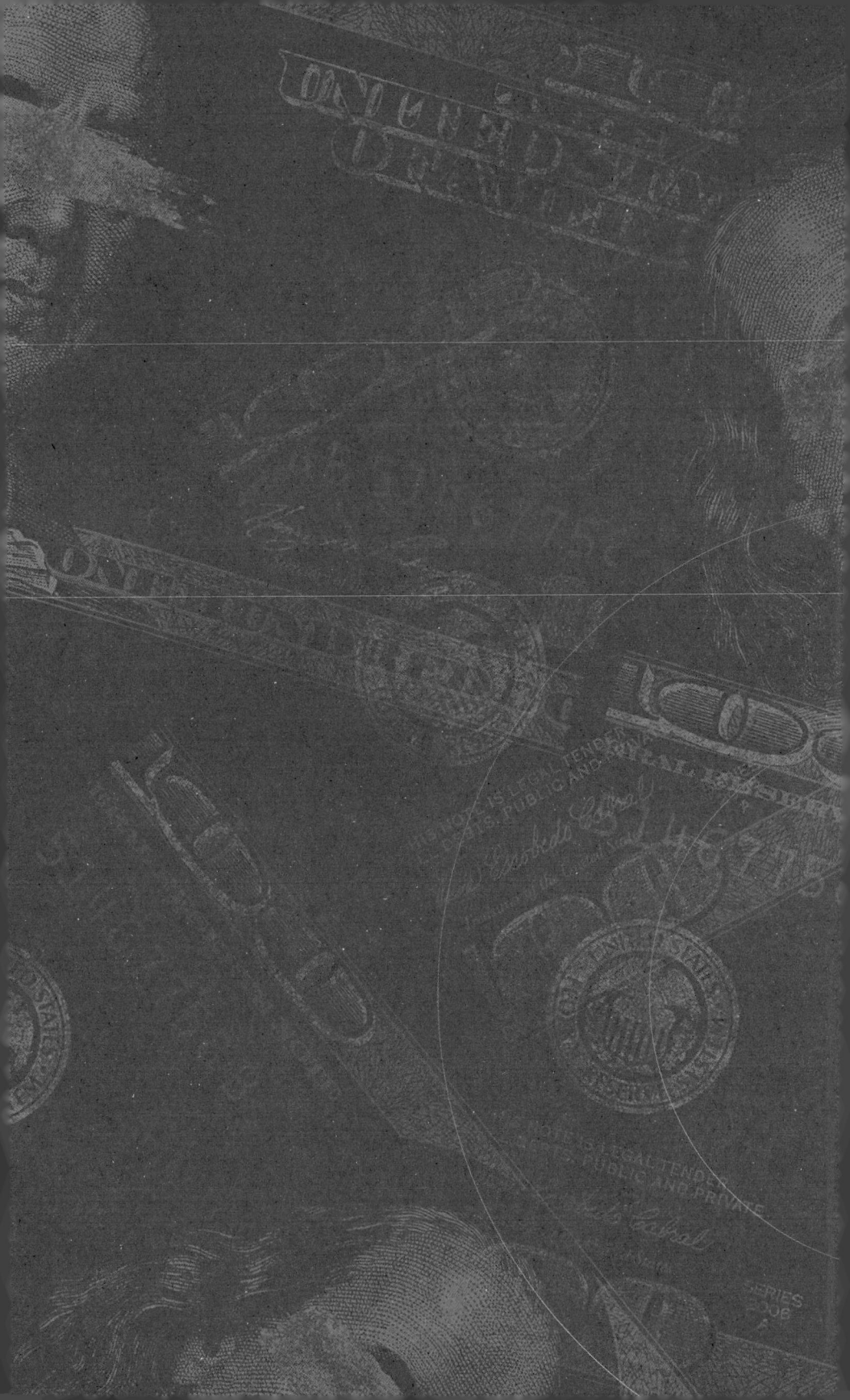

CAPÍTULO 2
COMO SEPULTAR A ESCASSEZ

No capítulo anterior, você aprendeu que fazer perguntas está na rota de quem quer ter uma mentalidade próspera. Saber fazer perguntas é uma arte, é uma das ferramentas mais fortes de prosperidade que eu conheço. O sábio faz perguntas, pois é uma das chaves de sabedoria, Jesus, na sua vida terrena, sempre usou essa chave!

Se você ainda não tem essa habilidade, você pode treinar. Saber usar essa chave é necessário, isto é, se você não quiser ficar preso na ditadura da resposta. Há muitas pessoas que não conseguem fazer perguntas, porque foram bloqueadas na infância por pessoas próximas que tinham autoridade sobre elas.

Um dos efeitos desse bloqueio é se envolver emocionalmente com as perguntas.

Quando você começa a discutir, você já perdeu, já se emocionou. Muitas vezes você está indo bem, crescendo na habilidade de perguntar, mas recebe uma pergunta que abala a sua emoção, e a sua expressão corporal muda, você abaixa a cabeça e desiste.

Para desenvolver a arte de fazer perguntas, é necessário treinar o cérebro para não se emocionar, ou seja, fazer a gestão das suas emoções, não se importar com absolutamente nada do emocional, desenvolver uma escuta ativa, pegar apenas uma palavra do interlocutor e usar essa palavra para voltar com uma pergunta!

Este capítulo é de grande relevância para você, atente-se ao fato que, na rota do primeiro milhão, você vai se deparar em diferentes situações que irão exigir de você essa habilidade de botar pressão por meio de perguntas, veja essa habilidade como uma arma.

Seja em uma conversa ou negociação, a arte de saber fazer perguntas é como pegar apenas uma pedrinha, colocar de volta no estilingue e atirar. Pode ser qualquer fala do interlocutor, pegue só um pedaço! Qualquer forma de resposta, pegue uma palavra! Nem vai precisar ouvir tudo o que o interlocutor está falando, apenas selecione uma palavra que seja suficiente para você não se emocionar e devolve em forma de pergunta a pressão para o lado dele.

Então, durante uma batalha de perguntas e respostas, você tem que devolver a pergunta o mais rápido que você puder, como se fosse uma batata quente. Um exemplo:

– O que te faz feliz?

Resposta: Em qual área você quer saber?

Veja que a resposta do receptor cortou a energia do interlocutor de forma brilhante. E a pressão voltou para o receptor! Quando alguém fizer uma pergunta para você, faça rapidamente uma pergunta de volta. Se você treinar o seu cérebro, você não vai se emocionar nunca mais.

COMO FAZER UMA PERGUNTA 'TOP'?

A pergunta top é a pergunta do topo, a primeira que vier à sua cabeça. Saiba, porém, que a pergunta sempre vai revelar o nível de maturidade de uma pessoa, por isso, você deve investir em sabedoria.

COMO NEGOCIAR E/OU INFLUENCIAR UMA PESSOA?

Para influenciar uma pessoa ou fazer um bom negócio, você precisa conhecer os drivers que ela carrega! Para isso, utilize as perguntas. Nunca fale de negócio antes de cinco minutos de conversa. Fazer perguntas aleatórias o levará a entender a motivação do interlocutor e captar todos os drivers mentais dele.

Comece como se fosse um passeio ao parque, faça perguntas aleatórias para descobrir os drivers. Quem tem todos os drivers de uma pessoa tem a pessoa nas mãos, pois acessou essa pessoa! Tenha consciência de que, em uma negociação, as suas perguntas têm que ser 100% intencionais!

Por meio dos drivers de uma pessoa, você consegue saber quanto dinheiro ela tem, não pelo extrato da conta bancária, pois isso pode ser fraudado, mas pelos drivers que ela carrega, até mesmo o nível de networking dessa pessoa você consegue descobrir, e não precisa de comprovação para isso.

No decorrer do diálogo, você irá detectar se o receptor está mentindo, através das microexpressões faciais e da linguagem não verbal! Quando você faz perguntas aleatórias, ou seja, que não estão no sistema de defesa da pessoa (dentro do assunto discutido), observe quais são suas expressões ao dizer "sim" e ao dizer "não" e observe as microexpressões faciais.

Nessa validação é importante perceber quais as microexpressões faciais que a pessoa usa quando ela está falando a verdade e quando está mentindo. Com esse conhecimento ativo, você poderá pegá-la em uma mentira, com as microexpressões contrárias.

PERGUNTAS ABERTAS E FECHADAS.

Perguntas abertas são aquelas em que o interlocutor precisa dar uma resposta mais elaborada. Elas incentivam o interlocutor a expressar suas opiniões, pensamentos e sentimentos de forma mais ampla e detalhada. Nesse tipo de pergunta, o índice de mentira é de 80%, porque o cérebro não quer se expor, então a melhor forma de não se expor é mentir. O cérebro não quer gastar mais energia dando explicações, então ele prefere mentir. E isso não denota que a pessoa é mentirosa, que ela tem uma prática de mentir para tudo e todos, apenas que ela não quer se expor e esse é o caminho neural que o cérebro automatizou.

As perguntas fechadas, na maioria das vezes, terão como respostas o "sim" ou o "não", e as respostas não serão as melhores para captar informações. Só use perguntas fechadas para testar respostas. Exemplo: "Você é feliz?" (fechada), "O que o faz feliz?" (aberta).

OS CINCO PORQUÊS!

Há cinco perguntas para resolver qualquer problema. O processo é usar a resposta da primeira pergunta, conectando-a com a segunda! Usar a resposta da segunda conectando-a com a terceira e assim sucessivamente, até encontrar a causa do problema. Exemplo: Uma pessoa pede para tirar férias antecipadamente, pois precisa viajar, porque está super estressada e cansada de trabalhar. Cansaço e estresse é causa ou efeito? Efeito.

Pergunta 1 - O que levou você a esse estresse?

Resposta: É meu trabalho, estou trabalhando demais!

Pergunta 2 - Por que você está trabalhando demais?

Resposta: Porque a minha chefe é muito dura!

Pergunta 3 - E por que a sua chefe é muito dura?

Resposta: Ela odeia o erro!

Pergunta 4 - O que aconteceu?

Resposta: Eu estou errando demais!

Pergunta 5 - Por que você está errando demais?

Resposta: Falta de foco!

As pessoas estão programadas para ludibriar as outras com efeito e nunca revelar a causa. Quando você sabe fazer perguntas, você reina, porque você vai achar a causa por trás das situações e vai tratar as causas.

> Não tem como o cérebro entregar a causa se eu não pegar o porquê.

Tudo tem uma causa. Se existe um efeito, é porque existe uma causa! Com a técnica dos cinco porquês, é possível encontrar qualquer causa. Veja um exemplo: Uma mulher pergunta para o seu marido por que ele se casou com ela, e a resposta é: "Porque eu te amo!". E ela prossegue:

– O que levou você a me amar?

Resposta: Por que foi amor à primeira vista.

– E o que você viu nessa vista?

Resposta: É porque você era magra!

Não tem como o cérebro entregar a causa se eu não pegar o porquê e ir atrás. Fazer perguntas vai revelar as causas dos problemas. Uma ou duas vezes na minha vida tive que fazer mais do que cinco perguntas, porque as pessoas estavam muito resistentes. Cinco perguntas são suficientes para achar a causa real. Por isso você tem que treinar o seu cérebro, porque essa habilidade vai fazer você prosperar na vida.

AS TRÊS PESSOAS QUE VOCÊ MAIS PRECISA PERGUNTAR NA VIDA!

Entender a importância de fazer perguntas é crucial para você prosperar e sepultar a escassez de uma vez por todas. Saiba que a maioria dos problemas que você tem hoje é pelas perguntas que você não fez. Se você pegar só esse básico, você já tem o tripé! Sendo assim, você precisa fazer perguntas para três pessoas, que são elas: a si mesmo, a Deus e ao próximo.

- PERGUNTAS PARA SI MESMO

As perguntas feitas a si mesmo podem mudar sua vida. Exemplos:

– Até quando eu vou ficar nesse estilo de vida?

– Até quando o dinheiro vai ser meu Senhor?

– Até quando?

Um exemplo do porquê de você ter a necessidade de fazer perguntas a si mesmo está no diálogo abaixo:

– Por que você não muda de vida?

Resposta: Não tenho dinheiro!

–Você consegue arrumar?

Resposta: Não, acho que não!

– Se seu filho começar a passar mal agora e você precisar de 5 mil reais, caso contrário ele morre. Você vai dar essa desculpa?

Resposta: Não, vou arrumar o dinheiro.

Percebe como as coisas funcionam?! A questão não é porque você não tem dinheiro para mudar de vida, mas porque isso não é prioridade para você!

Entendeu? As perguntas revelam as verdades que você carrega.

- Perguntas para Deus

E você deve fazer perguntas de forma simples e direta. O entendimento depende da clareza espiritual que você tem. Deus é Espírito, é luz, então é necessário ter clareza. Quando você pergunta para Deus, Ele responde, sempre! Se você acha que Ele não respondeu, é porque você não está na frequência, não entendeu ou não ouviu a resposta.

Quando você acha que Ele não falou nada, é porque Ele respondeu falando para você perguntar para outra pessoa.

- Perguntas para o próximo

Na conversa de dois tolos, não há perguntas, os dois só afirmam o tempo inteiro. Provérbios 17:28 diz assim: "Até o tolo, se ficar calado, passa por sábio". Dica que eu lhe dou: Cale a boca! "Pablo, mas eu quero falar!". Não afirme! Acabe com as afirmações, pois isso vai lhe custar caro. Encerra a sua temporada de afirmações, só faça perguntas! Tem um adágio popular que diz: Sou dono do que calo e escravo do que falo!

Quando você faz afirmações, você se torna escravo delas. Ao fazer perguntas, o ônus é da pessoa que respondeu, e a energia é problema dela. Você quer economia de vida, para ter mais tempo para fazer as coisas que têm mais sentido? Anote o remédio. Fazer perguntas evita 80% de perdas emocionais. Dos problemas que você tem, 80% são frutos das perguntas que você não fez. Vou lhe provar!

Um superintendente de um grande banco de São Paulo estava no método IP, e a esposa dele, minha aluna, pediu: "Liberte o meu marido do banco".

Os dois estavam na mesma turma, e eu me dirigi a ele e perguntei: E aí, quando você vai sair do banco? "Tá doido, o banco é a minha vida", ele respondeu.

> Dos problemas que você tem, 80% são frutos das perguntas que você não fez.

Aí eu fiz outra pergunta com uma técnica mais agressiva, pois ele estava muito resistente! Quando estávamos no coffee break, eu peguei bem apertado no pulso dele, e falei: Quero lhe contar uma coisa, é só uma questão didática! Um amigo seu, que tem o mesmo tempo de banco que você, emprestou a senha dele para uma pessoa, e ela fez uma cagada e ele foi mandado embora por justa causa, você acha justo? Ele respondeu: "De jeito nenhum!". Pois é, isso já aconteceu várias vezes e aconteceu com você agora! Que dia você vai sair desse banco?

Ele ficou muito irado! E eu falei: O que você vai fazer? Ele respondeu: Eu vou abrir uma corretora.

E eu perguntei: Quando? Ele falou: até 2022. E assustado, perguntou: "Como você arrancou isso de dentro de mim?" Eu lhe respondi: A data sempre esteve dentro de você, só que eu tive que dar uma chacoalhada no seu cérebro para você entregar. Toda resposta está dentro de você, a data do seu primeiro milhão está dentro de você!

Todas as respostas que você quer estão dentro de você. E por que vários de vocês fazem perguntas para mim? Porque querem autorização ou validação! Ou no mínimo querem compartilhar a besteira que vocês vão fazer! Isso chama transferência de responsabilidade, ou seja, caso dê errado, você possa dizer: "foi o Pablo que mandou eu fazer". É assim que o cérebro funciona.

> Toda resposta está dentro de você, a data do seu primeiro milhão está dentro de você!

Assuma as suas próprias responsabilidades e aprenda a fazer perguntas.

CONFRONTO, NÃO AFRONTA

Confronto é para edificação própria e do outro; a afronta, porém, é com intuito de humilhar! Não faça isso com ninguém, pois tudo o que você fizer nesse sentido, a pessoa vai soltar uma mola na sua cara. Um rapaz tomou um negócio de um grande amigo meu. E esse amigo foi três vezes mais violento do que esse jovem e ainda postou na internet. Eu o alertei sobre o que poderia acontecer. Tenha sabedoria, nunca afronte ninguém, nem o ladrão que roubou você.

Se não houver processo de edificação, não afronte ninguém. A arte de fazer perguntas é valiosíssima! Confronto gera edificação, a afronta gera humilhação! O tolo, se for humilhado, vai fazer você pagar a humilhação um dia.

QUAL A ORIGEM DO BLOQUEIO DE NÃO FAZER PERGUNTAS?

O bloqueio em relação a fazer perguntas vem da infância, talvez devido a situações do cotidiano. Por exemplo: você levantou a mão na escola para fazer uma pergunta e alguém o humilhou, ou foi em casa, com seu pai. Primeiro a criança não fala, e o pai insiste para ela falar. Depois ela começa a fazer perguntas, e o pai fala para ela calar a boca.

Então, quando chega à adolescência, fica calada na mesa de jantar e o pai pergunta o que está acontecendo, porque ela está tão calada. O filho responde em um tom agressivo: "Você é doido? Quando eu era criança, incentivou-me a falar, quando comecei a fazer perguntas, mandou-me ficar quieto, disse que eu falava demais e agora pede para eu falar de novo". Pais, cuidado, se agirem assim, podem perder o seu filho!

Quando você utiliza o 'não' para ensinar seu filho, está perdendo a oportunidade de ensiná-lo com sabedoria. O 'não' na frente da pergunta não faz diferença para crianças e pessoas imaturas. A criança tende a não praticar, por exemplo: Não pise na grama! Ela vai pisar, visto que há uma compulsão dentro dela que não entende ordens. Você fala para criança não tocar o dedo na tomada, mas ela vai tocar. Você tem que fazer perguntas para instruí-la a respeito do assunto.

– Você sabe que você pode morrer se você tocar o dedo na tomada? A criança se assusta e não vai colocar.

É assim que se instalam os drivers no cérebro infantil. Já para o cérebro maduro, não há problema em fazer perguntas com o "não" na frente.

PERGUNTA ARRASADORA

Uma pergunta seguida de silêncio é arrasadora, principalmente ao telefone. Quando você silencia, a pessoa sente uma pressão absurda do outro lado, porque ela estava esperando você alongar a pergunta ou a resposta. O silêncio é uma obrigação dobrada de responder rápido. O sábio nunca inicia uma conversa, porque entende que o tolo, naturalmente, vai argumentar primeiro. Deixa o tolo falar, e você terá argumento para fazer perguntas. O sábio nunca começa uma discussão, mas termina todas com uma pergunta. Com perguntas você descobre a verdade no coração das pessoas, e não cai em golpe.

POR QUE O NERVOSISMO NÃO PERMITE FAZER PERGUNTAS?

O que você indica para não ficar com o coração acelerado antes de fazer perguntas? Por que o nervosismo não me permite fazer perguntas? Como resolver? O que causa nervosismo é a falta de conhecimento no assunto. Tremer diante de uma pessoa famosa acontece devido a duas vertentes emocionais: autodesvalorização e supervalorização do outro. Você desvaloriza a sua própria imagem e entrega muita energia para a outra pessoa que você julga famosa, e, por isso, o seu cardio acelera e provoca o tremor.

Mas eu criei uma ressignificação para resolver isso! Pegue mentalmente o seu crânio e o crânio da outra pessoa, vá para o meio fio, mentalmente, e bate os dois crânios na quina do meio fio. Os dois racham, você respira fundo e fala: O crânio dele é igual ao meu! Pronto, está resolvido!

Quando você se valoriza, não dá para você transferir a valorização para o outro. Esse é um problema que ele tem que resolver, é um campo de energia. E, quanto mais simples for a sua fala, menos você vai ter problema de cardio. Agora, quando você quer fazer uma pergunta maravilhosa, quer ser aceito, quer ser amado, você gasta muita energia nesse evento, e o cardio acelera.

Lembre-se que você é imagem e semelhança do criador, por que se desvalorizar tanto e gastar tanta energia diante de alguém? Por que se curvar se você já foi aprovado, mesmo antes de nascer? Quando você entende isso, você vai para uma discussão, e seu cardio nem acelera! Esteja sempre munido de perguntas, não entre no furacão das emoções e governe!

FAZER PERGUNTAS ERA UMA ESTRATÉGIA QUE JESUS USAVA

Jesus estava em uma reunião com os seus discípulos que perguntaram: "Jesus, você é Deus"? Ele respondeu: "O que vocês falam que eu sou"? "O que estão dizendo a meu respeito"? Ele sempre respondia às perguntas que lhe eram feitas com pergunta!

Jesus está dando a sua aula ao ar livre e chegam os fariseus com uma mulher que foi pega em adultério, jogam-na à sua frente e lhe perguntam: Você condena ou perdoa?

Jesus continua escrevendo na areia. A pergunta era capciosa, qualquer resposta que ele desse acabava o ministério dEle. Se falasse contra a lei de Moisés, iria para a cadeia, se falasse para apedrejar, as pessoas não acreditariam mais nEle, pois ia contra o seu próprio ministério de misericórdia, graça e salvação. Ou seja, Jesus não tinha resposta! Como eu amo a sabedoria!!

Então Jesus respondeu: "Quem não tem pecado aqui"? Todos já estavam com as pedras nas mãos! Ele não respondeu, mas fez o povo inocentar a mulher.

Quando você ler a Bíblia, pare e faça perguntas para Deus. Isso vai evitar você cair em golpe, andar com gente ruim e evitar que você fique desanimado! E como já pontuei neste capítulo, nas negociações, fique atento, faça perguntas e nunca feche um negócio sem cinco minutos de conversa primeiro!

TAREFA:

- Você tem bloqueios em fazer perguntas? Vamos ressignificar? Escreva o episódio em que ocorreu o bloqueio. Depois escreva uma nova versão (positiva) para essa mesma situação, em que você, como protagonista, principal faz uma pergunta e recebe o reconhecimento devido à sua resposta.

- Descreva os sentimentos que você está sentindo neste momento. Agora, todas as vezes em que precisar fazer uma pergunta e ficar nervoso(a), retorne a esse momento e ative esses sentimentos.

CAPÍTULO 03

COMO SER NO MÍNIMO 17X MAIS RICO QUE SEUS PAIS?

COMO SER NO MÍNIMO 17X MAIS RICO QUE SEUS PAIS?

A riqueza é a ciência da transformação. Muitas pessoas não gostam de mexer com nada da natureza e ficam sempre chateadas com esse assunto. Mas a verdade é que a riqueza é, sim, uma ciência, mas ela é ensinada nas instituições educacionais? A resposta é 'não'. Como alguém irá ensinar o que não sabe?

Se você quer carne, você vai ao açougue; se quer remédio, vai à farmácia. Quer abastecer o carro? Basta ir ao posto de gasolina. Mas, se você quer ficar rico, aonde você vai? À Plataforma Internacional. Assim sendo, busque conhecimento sobre riqueza nas fontes certas. Ande com rico! Mas tome cuidado, porque nem todas as pessoas endinheiradas são ricas. Tem gente endinheirada que é escassa. Anote o código: Dinheiro não é sinônimo de riqueza.

Coloque dinheiro na mão de um improdutivo e aí você vai perceber que não é riqueza. Isso é uma tortura na mão da pessoa. Todos que ganham na Mega-Sena, por exemplo, não entendem de dinheiro, tomam a mesma decisão: dão uma casa para sua mãe que recebe o presente, mas não consegue pagar as despesas da casa, então esses filhos dão mais dinheiro e assim tudo acaba, porque não fazem aplicação do dinheiro.

Existem pessoas que sabem destruir riqueza, mesmo tendo nas mãos. Há outros que têm dinheiro nas mãos e não dão conta de fazer render R$1,00. Há outros que possuem o dinheiro garantido, só precisam deixá-lo aplicado, mas, por deixarem de fazê-lo, ficou por isso mesmo. Uma busca rápida na internet, especificamente no site moneytimes.com.br, nos mostra dados de ganhadores de loterias que ficaram pobres. Três ganhadores diferentes 'queimaram' todo o dinheiro da loteria. O ganhador foi Antônio Domingos, ganhou R$30 milhões, quando tinha apenas 19 anos e morava em uma casa humilde e 'torrou' todo o prêmio; Fredolino Pereira ganhou R$10 milhões e teve um final um pouco mais trágico. Além de ter perdido tudo, não foi exatamente por ter gastado, mas sim por cair em um golpe financeiro. O ganhador recebeu R$10 milhões em 2018, quando tinha 71 anos; Alvino Ferreira ganhou R$ 1,1 milhão, era morador do interior de Goiânia, quando recebeu, em 1971, o equivalente a mais de R$1,1 milhão hoje.

Outro exemplo são aqueles ganhadores de realitys como BBB e outros. Eles ganham dinheiro e acabam com tudo, porque dinheiro desacompanhado, desassistido de sabedoria é uma tortura para a pessoa. Dar dinheiro na mão de quem não tem administração é perigoso. Além disso, as pessoas precisam entender a diferença entre: o ser, o fazer e o ter.

Ser é a identidade.

Fazer é desdobrar a identidade.

Ter é colher o fruto daquilo que foi plantado lá na identidade.

Quando não se entende isso, a pessoa não tem clarificada a sua identidade, seu propósito não é ativado e ela não sabe o que fazer com o dinheiro. Assim, ela deseja ter o que não precisa ou o que não faz parte do seu propósito. Então gasta o dinheiro aleatoriamente, não o multiplica e chega o dia em que ele acaba. Qual é a melhor forma de conhecer as pessoas? Em viagens, porque é quando a pessoa se solta. No ambiente profissional, ninguém se solta. Todo mundo tem uma máscara, 100%. Então, em toda viagem, eu me desconecto de um monte de gente, porque lá eu vejo o jeito que cada um acorda.

Eu estou falando isso para você, porque nós pegamos um barco enorme e fomos passar alguns dias dentro dele. Eu me levantei, arrumei a minha cama e passei de quarto em quarto. Nesse momento percebi que havia umas pessoas ótimas de papo, bons palestrantes, mas não davam conta de arrumar a cama, como vão gerir seu próprio dinheiro?

Um dia, eu estava pronto para sair de casa, mas eu não saí enquanto Miguel, um de meus filhos, não voltou e fechou o portão da piscina. Ele me disse que havia fechado, mas eu vi que não, por isso ele precisava voltar para fechar.

> Quando você treina seus filhos, ninguém na vida vai precisar treiná-los de novo, pois eles já foram treinados por você.

Como ele é responsabilidade minha e da Carol, resolvemos treiná-lo. Ele ficou bravo, foi lá com toda a raiva que estava e não conseguia fechar o portão.

Ele é pequeno ainda, então segurava a maçaneta, mas ainda assim não conseguia. Então perguntei se queria instrução, mas ele não quis e eu disse: "Então está bom, espero você aqui, até fechar. Eu não saio daqui enquanto você não fechar". Quando você treina seus filhos, ninguém na vida vai precisar treiná-los de novo, pois eles já foram treinados por você.

Se você quer que seus filhos sejam 17 X mais ricos do que você, será necessário treiná-los, porque, às vezes, você vai entender que a falta de gestão começou na arrumação da cama. O que quebra uma empresa é a emoção da pessoa. Eu vou lhe ensinar como é que treina seu filho nas emoções para que ele se torne um adulto saudável.

Eu treinei o meu filho mais velho deste jeito. Ele acordava sempre reclamando do dia. Então eu dizia: "Volte para cama agora! Volte agora! Se você quer destruir seu dia, fique na cama, porque o dia de ninguém você vai destruir. É para voltar". Então ele ficava bravo e voltava para a cama. De lá me perguntava: "Eu vou sair daqui"? Eu respondia: "Só depois que você sorrir, mentalizar e trocar essa energia". Talvez você esteja se perguntando quantas vezes eu fiz isso? Fiz muitas vezes, umas 200, e hoje ele não sai mais desse jeito.

> A gestão das emoções é apenas um dos treinamentos para que seu filho seja mais rico do que você.

Hoje ele sai pisando, dando glórias a Deus e aleluia! Mas foi difícil. Eu quase desisti. Existem pessoas que desistem de treinar os filhos, porque pensam que vieram com algum defeito de fábrica. Mas é necessário ter amor e continuar tentando. Só que os pais querem sentir raiva da criança, porque acham que os filhos têm que obedecer de primeira. Eles não vão obedecer primeiro. Isso não vai acontecer. A gestão das emoções é apenas um dos treinamentos para que seu filho seja mais rico do que você.

CÓDIGO X

O código X é o que você precisa entender para ser mais rico do que seu pai. Eu gosto de comprar coisas de gente facciosa. Negócios de quem está principalmente no lixo comercial, em uma falência ou em separação são os melhores que existem.

Eu não gosto de comprar coisas de quem está bem. Mas, quando alguém desanima ou desiste de um negócio, facilita a vida de muitas pessoas. Então não reclame, apenas fique no polo que vai usufruir, porque crise é a riqueza trocando de mão, é isso que acontece. Anote o código: crise é riqueza mudando de mãos.

O indígena não sabia o que era ouro, mas tinha português trocando espelho por ouro. Mas, como os indígenas não davam valor a essa matéria-prima, então estava tudo bem. O aprendizado é que a riqueza estava ali trocando de mãos. Por isso que você precisa aprender o código da riqueza para saber o que fazer com ela quando estiver em suas mãos.

O código X é rico, porque X é multiplicador. O divisor é de faccioso, de gente briguenta. Esse povo que divide vai acabar com o casamento, com a empresa, com a amizade. O consumidor é aquele que só quer trabalhar para comprar coisas. O poupador, com 900 anos – se vivesse tudo isso – ficaria rico, mas é brasileiro e só vive 74 anos.

Quero que você guarde a sabedoria, desenhando uma linha vertical e outra horizontal. A sabedoria vertical aumentará sua estatura espiritual, pois ela é feita de luz e alcança o trono. A sabedoria vem do alto.

Seu campo de energia automático tem um raio de sete metros. Mas, se você não tiver sabedoria, não entenderá as coisas divinas. As coisas terrenas estão incompletas. Se você quiser uma prova, observe a sua identidade; ela não está completa, seu propósito não está completo, porque você não está fazendo o que Deus o chamou para fazer. Isso torna você uma bomba nuclear que ainda não explodiu, porque você está desconectado e seu painel de ativação está quebrado.

"Eu sou uma ogiva nuclear do Reino".

Declare: "Eu sou uma ogiva nuclear do Reino". Se aquele que é o dono, aquele que o fabricou apertar o botão, você explodirá na vida. Isso chamará a atenção e tirará a comodidade de todos. A sabedoria vertical o conectará ao alto. Nunca vi alguém religioso com sabedoria vertical. A religiosidade fecha sua mente e faz você ter um comportamento menos favorável, achando que Deus será convencido por quem você é, mas Deus não se importa com isso, pois os melhores amigos de Jesus, quando Ele estava na Terra, eram pessoas problemáticas, como os assassinos.

Deus é misericordioso, Ele não olha para seus defeitos, você já estaria morto se fosse sobre seu comportamento. Portanto, aceite que não é sobre seu comportamento. Aprenda a governar absolutamente, faça networking, modelagem, aprenda, tome decisões e faça as outras coisas que estou ensinando. Quando você alcança a sabedoria vertical, não quer outra coisa na vida.

Vou mostrar para você a fúria de quem tem acesso à sabedoria vertical e horizontal. Experiências de vida, tomadas de decisões, pessoas que você conheceu, os lugares que frequentou, tudo que você fez; isso lhe deu experiência horizontal. Para a sabedoria, eu coloco como drive mental de semente. Dos problemas e fracassos que você passou, tudo trouxe experiência. É como uma semente que, se plantada, o fará prosperar muito.

RELAÇÃO DE COISAS VERSUS EXPERIÊNCIAS

Quando você compra algo, desde o primeiro momento, já tem uma sensação de satisfação imediata. Carol percebeu isso quando me viu desejando comprar um Jetta em 2011. Eu mentalizei a compra e fui à concessionária pegar o manual, CD e revista do carro. Fiquei recortando a revista e assistindo ao vídeo do Jetta, enquanto olhava para o tapete da sala do meu apartamento de 80m².

Eu estava sentado ali mentalizando ter um Jetta, pegando as figurinhas e o DVD do carro. A Carol passou e, quando viu a cena, ficou com pena de mim. Foi o segundo carro que financiei até hoje na minha vida. O primeiro carro foi um Gol e esse foi o segundo, um Jetta. Depois disso, nunca mais financiei um carro. Na minha cabeça, aquilo era real.

Então fomos comprar esse carro que custou 57 mil reais. A Carol chorou, mas depois viu que eu estava realizado. Porém, quando coloquei a mão no carro, para mim não fez mais diferença. Ela viu a conquista algumas semanas depois e disse que eu não podia ser assim, que tinha que ficar empolgado com a nova aquisição que eu havia planejado. Com isso eu entendo que a experiência da conquista é mais importante do que o carro. Já tive Ferrari, McLaren, Maserati, Hammer, Escalade, Porsche e 10 milhões em carros na minha garagem. Não me importo absolutamente com nada disso. Sabe por quê? Porque na aquisição de coisas a empolgação é acelerada. Mas na experiência, por mais que ela seja negativa, ela transforma, traz sabedoria.

> Experiências boas ou ruins, ao longo do tempo, vão ser sempre boas.

Pense em algo que já aconteceu com você em que foi injustiçado. Na hora, ficou endemoniado, revoltado e queria quebrar tudo. A experiência foi negativa, mas, com o passar dos anos, aquela experiência ficou agradável e pode ser contada numa roda de amigos. Você começa a falar assim: "Você viu? Olha que coisa! Teve uma vez que eu fui até a polícia". Justamente aí, você vai pegar esse paralelo. Você tem que aprender, porque isso é a sabedoria das coisas e das experiências. Experiências boas ou ruins, ao longo do tempo, vão ser sempre boas.

O que eu fiz com a Ferrari? Peguei e levei para desmontar e falei que eu queria ver tudo, pois teria que ter um urânio ali dentro, porque não é possível que ela valha tanto dinheiro. É um carro que vale 8,9 milhões. Mas sabe qual é a razão desse valor? Ali tem a sabedoria de Enzo Ferrari, que acumulou entre 50 e 70 anos de experiência na Fórmula 1 e liderou a equipe mais vitoriosa da história. Ou seja, a sabedoria horizontal dele faz um carro que não vale 300 mil reais ser vendido por 8,9 milhões de reais.

Então, o que você precisa fazer é investir em experiência. Mas o que acontece é que existem três maneiras de alcançar qualquer resultado: o caminho de uma pessoa faltando muita energia; o caminho de alguém que precisa de alguma energia; e o caminho de quem já obteve o resultado.

Sabedoria se chama semente, aprenda a chamar a sabedoria pelo nome. A terra tem uma energia dentro dela, que não precisa procurar quais são os dados para dar acesso à semente. Na hora que a semente toca na terra, é possível sentir cheiro de laranja. É um aroma, é uma essência do Criador.

Eu não sei se você já percebeu esse código, mas toda a criação tem uma essência, tem um perfume diferente. A criação inteira tem um perfume diferente. Cada animal e cada árvore tem um cheiro. Você pega uma árvore, quebra a folha e um cheiro vai sair. Se você achar que tem o mesmo cheiro, você não tem sensibilidade.

Aquilo que você está querendo é compreender a sabedoria contida na semente de laranja. Não é necessário ser uma pessoa famosa, como Steve Jobs, Bill Gates ou qualquer outra figura notável para plantá-la e obter sucesso. Quando a semente é colocada na terra, ocorre uma interação energética entre elas que não pode ser compreendida pela escolaridade. Essa energia é única e pode ser sentida pelo aroma característico da laranja, que é a essência criada pelo Criador.

A criação inteira tem um perfume distinto que a diferencia das outras. A frequência da semente é crucial para determinar o seu crescimento e desenvolvimento. É preciso buscar sabedoria para entender que a vida não deve ser baseada na aquisição de coisas, mas sim no reino de Deus e na sua justiça. As outras coisas virão naturalmente, dependendo da frequência plantada. Se a frequência for agressiva, será como plantar um tanque de guerra. Por outro lado, se a frequência for tranquila, o resultado será belo e harmônico. O Reino é proporcional, ou seja, o que se planta é o que se colhe. Não se deve querer ser rico como outra pessoa, mas sim prosperar de forma individual, em relação ao que se plantou.

> É preciso buscar sabedoria para entender que a vida não deve ser baseada na aquisição de coisas, mas sim no reino de Deus e na sua justiça.

Tenho uma pergunta para você: você tem um coração ensinável? Porque, se não tiver, vai acabar pagando um preço alto, como não acordar às 4h59, por exemplo. Hoje é o dia em que você precisa entender o segredo da gestão da vida. Ontem já passou, e amanhã não interessa. Só existe o hoje, e é nele que precisamos focar. O segredo é aceitar as coisas como elas são e resolver o problema emocionalmente, sem ficar justificando. Se ficarmos nos justificando, vamos gastar muita energia e acabar sendo espancados na luta da vida. Aceite que vai pagar o preço e pense no que precisa fazer para conseguir isso.

A maioria dos pais não teve esse tipo de conversa com seus filhos, mas é importante fazê-lo. Não basta ser um pai trabalhador, precisa entender que os filhos precisam de mais do que isso. É preciso despertar neles a vontade de aprender e crescer. O problema é que ele vai à escola depois de o termos treinado. Mas ele não deve sair para arranjar problemas, pois fica preso dentro da lata. É como se fosse a faculdade, onde alguém lhe ensina apenas uma coisa e você pensa que aquilo é tudo na vida.

Quando você finalmente consegue, a coisa perde o valor. Experiência tem valor, enquanto as coisas têm preço. Gente tem valor, coisas têm preço. As coisas devem ser usadas, consertadas e descartadas, mas as pessoas devem ser amadas e cuidadas. É muito ruim não ter pessoas para compartilhar suas experiências, mesmo que você tenha dinheiro para viajar. É ruim crescer emocional e financeiramente sem ter ninguém para apoiar suas ideias. Não ter essas pessoas fará você parar em um platô ou nível de vida.

Eu não tinha coragem de ter um avião, mas lembro-me de quando um amigo me emprestou o dele e aquilo me desbloqueou. Eu fui com minha esposa e meus filhos para a chácara dele e, quando cheguei lá, coloquei a mão no avião e disse: "Eu tomo posse deste avião. Eu espero que ele possa soltar este avião e eu possa comprá-lo." Você sabe qual é o código disso? Declare: eu vou experimentar o próximo nível. Mas o problema é que nem sempre você tem um amigo que envia um avião para buscá-lo.

O efeito cadeado é quando você desbloqueia algo ao conviver com outras pessoas.

Desbloquear não é algo que eu faço sozinho. Se não tem acesso, esqueça, não terá posse. A sabedoria está em aprender a estar em circuitos ou com pessoas que vão mudar a sua frequência, e somente isso muda tudo.

Ande com amigos que têm avião, porque isso pode mudar sua frequência e experiência sobre o assunto. Eu sinto que está acontecendo o maior levantamento de riqueza da história deste país. Em provérbios 17:16, diz "De que serve o dinheiro na mão do tolo, já que ele não quer obter sabedoria"? Ao andar com gente escassa, você vai carregar a experiência de escassez. Vou dizer algo só para dar uma sacudida no seu cérebro: não tenha controle financeiro pessoal, troque isso por administração de riqueza.

> A sabedoria está em aprender a estar em circuitos ou com pessoas que vão mudar a sua frequência, e somente isso muda tudo.

É permitido usufruir de tudo o que Deus nos deu, mas não devemos reter para nós mesmos, caso contrário, teremos problemas. Aquele que retém é abominável, por isso, devemos soltar e compartilhar com os outros. Deus não se importa que aproveitemos e desfrutemos de suas bênçãos, mas Ele nos abominará se as retivermos, pois tudo o que Ele nos dá é para beneficiar também os outros.

É importante compreender que o que mais agrada o coração de Deus é a generosidade, por isso, devemos transbordar de amor e compartilhar com os que estão ao nosso redor. O tamanho da nossa riqueza está no tamanho do nosso transbordar, pois quanto, mais você administra o que recebe com generosidade, mais será abençoado e transformado, e mais bênçãos receberá em troca. Por isso, continue levando essa mensagem adiante, compartilhando e transformando vidas, e, assim, o depósito de bênçãos de Deus será cada vez maior.

COMO IDENTIFICAR UMA PESSOA EXTREMAMENTE SÁBIA?

Uma pessoa que tem a sabedoria vertical é benigna, porque ela entende o tanto que a pessoa está na distorção da realidade daquilo que Deus fala que ela é. Você que sabe a Palavra dá uma recomendação: nunca diga que você é e nunca se ache, e sabe que o tamanho da sabedoria de Deus é mostrar que, quanto maior o seu ponto de contato com Ele, mais a sua ignorância tem que saber disso.

Agora, quando você entende que as pessoas estão debaixo de bloqueio, estão destruídas, a sua paciência vai aumentar mil vezes. Isso é sabedoria. A pessoa que tem sabedoria, quando as coisas acontecem, ela vai dando conta de resolver no meio do percurso. A vertical tem o mesmo comportamento, ela passa a servir mais, porque entende que a sabedoria aumenta essa frequência. Está intimamente ligado ao transbordo.

Já o ansioso tem tanta pressa de ficar rico que nem percebe que a pobreza está chegando. O ganancioso troca tudo por dinheiro. Eu vou tirar duas coisas de dentro do seu coração agora. Você vai ficar revoltado. E às vezes você usa isso de forma errada, sem saber que é pejorativo. Algumas pessoas aprenderam em casa: você tem que ter ambição. Você tem que parecer alguém que acorda todo dia não preocupado com isso, porque isso é acessório. Isso é a resposta daquilo que você plantou. Então vou tratar sua alma agora.

> Seu propósito nunca deve ser dar uma casa para o seu filho, mas sim treiná-lo para cumprir o propósito que Deus colocou no coração dele.

Por ganância, a pessoa troca tudo por grana. Ambição é trocar pessoas por coisas. Se tem uma criança na sua casa e você trabalha adoidado para dar a escola boa para ela, comida para ela, tudo, mas você não tem uma casa, você põe um motivo no seu coração: uma ambição. "Vou trabalhar para dar uma casa própria para minha família". E você consegue comprar essa supercasa em 18 anos. E essa casa, quando está pronta, seu filho está entrando na faculdade, indo embora.

Pense comigo: Não era melhor você ficar com um projeto de aluguel, ter tempo para sua família, do que passar uma vida inteira contando uma mentira ambiciosa do seu coração? Porque seu propósito nunca deve ser dar uma casa para o seu filho, mas sim treiná-lo para cumprir o propósito que Deus colocou no coração dele. Não tem nada a ver com casa nem com escola, tem a ver com paternidade e maternidade.

Quem é ambicioso acha que alguma coisa legítima vai aprovar o comportamento dele. O que você precisa é ativar o propósito de Deus em sua vida e, para ativá-lo, tem que ativar a identidade. Não adianta ativar propósito sem ativar a identidade. Não insista. Ainda que você faça um teste vocacional, se você pegar alguém que tem a mente deturpada, ele vai arrumar uma função com a qual você parece pelas competências de hoje. É o que vai defini-lo para o resto da sua vida.

Imagina colocar o peso da decisão no adolescente desde os 14 anos. "Qual faculdade você vai fazer?". Aí ele ouve conselhos de quem é endinheirado, mas não adianta. O que muda a sua vida não é sua condição, não é seu horóscopo, são as decisões que você toma, são os lugares, as pessoas, as ideias, as ações e os resultados.

Como posso acessar o código da sabedoria para conseguir o amor dos meus filhos, algo que não consegui quando eles eram crianças? É preciso trazer consciência e reconhecer os erros do passado, mostrando para eles que é possível fazer diferente do que foi feito antes. Essa é a passagem do bastão, em que assumimos a responsabilidade pelo que aconteceu e incentivamos nossos filhos a trilhar um caminho melhor. É importante deixar claro que não se trata de culpar alguém, mas sim de assumir a própria parte nessa história.

E em relação ao meu bloqueio pessoal, como posso acessar o código da sabedoria para prosperar e transbordar na vida das pessoas? Um bloqueio pode ser revelado quando tomamos uma nova decisão e nos deparamos com obstáculos que precisamos superar. Geralmente, isso está relacionado a pessoas ou situações do passado que ainda nos afetam.

> Para superar esse bloqueio, é necessário ressignificar o passado e olhar para o futuro com uma nova identidade.

Para superar esse bloqueio, é necessário ressignificar o passado e olhar para o futuro com uma nova identidade. No Projeto de vida, podemos trabalhar na ativação dessa nova identidade e no fortalecimento da nossa fé. É importante lembrar que a fé não é apenas imaginação, mas sim um elemento fundamental em nossa jornada.

Além disso, devemos aprender sobre diversos temas, como anjos, amor e dinheiro, que são abordados nas escrituras sagradas. São mais de 300 versículos sobre anjos, mais de 500 sobre amor, 700 versículos sobre fé e mais de 2.350 sobre dinheiro. Isso porque a Bíblia nos alerta sobre os perigos da ganância e da ambição, e nos mostra que a riqueza tem um propósito.

Preste atenção numa coisa: os seus pais são referência de riqueza para você? Eu coloquei o título desse capítulo "17 X mais rico que seus pais" para você ficar doido. Por conta da alienação, seus pais não servem de referência de riqueza, já que eles foram treinados na geração de estabilidade e vários de vocês, leitores, também foram treinados nisso.

Quer pegar um código de estabilidade? Da primeira página da Bíblia até a última, não tem estabilidade. Deus nunca falou para alguém: "Você vai ficar estável e acabou". Quando você entender da escritura, você vai falar que estabilidade é a forma que este século achou para travar os filhos a fim de que eles não governem e fiquem satisfeitos com a energia que eles ganharam em cada mês que é só para pagar seus boletos.

Quando você entende quem você é, sua sabedoria também vai ser elevada. O princípio da sabedoria é: "Adquire a sabedoria; sim, com tudo o que possuis adquire o entendimento". E o que é o entendimento? Quando você diz: "Ah, entendi". Isso significa que você aprendeu o suficiente. Se você realmente entender, você explica com clareza para qualquer pessoa o que é essa aquisição de sabedoria.

O que você tem hoje pode achar que é muito, mas vou falar o que eu penso: eu sou administrador de riqueza, não sou dono. Mesmo que digam que tudo está no meu nome, eu sou apenas um administrador e, a qualquer hora, pode acontecer uma coisa e eu posso morrer. Se alguém não administrar essa bomba nuclear desse tamanho, esse negócio desmorona por si próprio. Porque tem que ter alguém um tempo inteiro focado no crescimento desse capital, desse patrimônio e tem que ter a aplicação disso para fazer um reino se proliferar.

Qual é o grande lance? A sabedoria é um pouco diferente do que você pode estar fazendo. Vai ter que higienizar seu cérebro. Se tiver peso na alma, não prospera. Você sabe por que eu já prospero sendo professor? Porque eu sei que preciso sempre liberar o coração e a alma para prosperar. Você precisa liberar o peso dos bloqueios, precisa desbloquear, é como libertação.

Na verdade, meu espírito está poderosamente buscando o espírito de Deus em tudo o que estou fazendo, e o código inteiro é sobre o reinado, é sobre transbordar e fazer você parar de ser miserável. Se você entender o que é ser filho de Deus, nós vamos explodir esta geração. Talvez você não tenha entendido ainda, mas não podemos deixar isso para a próxima geração. Se nesta geração entrarmos em decadência, isso não acontecerá na próxima.

Estamos no auge de acontecimentos e não podemos deixar isso para a próxima geração. Precisamos agir agora. Não tem nada a ver com dinheiro, embora estejamos em um sistema em que o dinheiro é muito forte. Você precisa abrir o seu coração e entender a mensagem.

Eu tive um encontro com um cantor que não sabia o que fazer com um milhão de reais. Eu disse a ele que a falta de sabedoria era o problema, assim como a falta de um milhão de reais. Disse para ele acordar mais cedo, ser mais simpático com as pessoas, treinar mais e estar presente em eventos, mesmo que não tenha sido convidado para cantar. Eu disse que precisava aparecer e continuei dando alguns conselhos a ele: comece a ajudar outros cantores a estourar; até pague para tocar se for necessário; acorde cedo e pare de ser preguiçoso.

Esse conselho vale para muitas pessoas, porque muita gente tem miséria dentro de si, escassez, mas isso pode ser resolvido: acorde mais cedo e faça algo diferente. Governar é um estilo de vida. As ruas da Nova Jerusalém são de ouro, justamente para você entender que nasceu para prosperar, para governar riquezas, não para que elas tomem seu coração. Então, aquilo que é lugar de passagem é o lugar que você vai pisar sobre ouro maciço. Ou seja, isso não é tão importante quanto você imagina. Você precisa dominar, tem que ser a partir de agora. Você não pode se dar ao luxo de ignorar o código do Rei. Abra a boca e fale assim: "O Reino é agora".

TAREFA:

- Identifique cinco dos seus valores pessoais e como eles influenciam sua forma de avaliar e interagir com outras pessoas.

- Escreva uma declaração poderosa que expresse seu compromisso em superar a pobreza e alcançar a independência financeira. Por exemplo: "Eu, [seu nome], estabeleço este pacto para odiar a pobreza e construir uma vida próspera e abundante. Farei o que for necessário para alcançar a segurança financeira e criar uma vida melhor para mim e minha família."

CAPÍTULO 04

DA CLT AO MILHÃO

Você já tem data para sair da CLT? Essa é a primeira pergunta que você precisa responder, antes de prosseguir a leitura deste livro. Sei que muitos me criticam quando falo sobre trabalhar de carteira assinada, mas se há uma coisa que você precisa aprender é que o salário que você recebe tem de ser visto como ajuda de custo enquanto aprende ou cresce hierarquicamente em uma companhia.

Possivelmente a próxima pergunta a ser feita é: como sair da CLT? A resposta é simples, faça o que você gosta e nunca mais irá trabalhar. Empreenda! Não existe problema algum em ser CLT, o problema é não ter data para sair. Entenda que o empreender liberta, e pare de dar desculpas.

Você sabia que, de todos os processos trabalhistas do mundo, a maioria deles está no Brasil? Se você comparar as leis trabalhistas brasileiras com as americanas, as leis americanas cabem em uma página tamanho A4, as leis trabalhistas brasileiras precisam de 13 mil páginas! Não faz sentido algo desse tipo. Por isso, quando eu estudei direito, decidi nunca processar ninguém. Esse fato mostra que, em geral, os brasileiros não costumam cumprir com os seus deveres, mas sempre exigem os seus direitos. E o pior, na maioria das vezes, as empresas estão erradas. Esse número é tão assustador que muitas empresas do mundo não querem vir para o Brasil. 98% dos processos estão em um único país, o Brasil, e esse é um problema de mentalidade.

Parece paradoxal lhe dizer que empreender liberta e apresentar um dado tão alarmante. Mas, quando falo que o empreendedorismo liberta, não estou falando só do empreendedor, também falo sobre estender essa liberdade para todas as pessoas que trabalham com você.

Recentemente recebi uma mensagem de uma bruxa dizendo que bateu o seu primeiro milhão só ouvindo minhas palestras. E muitos filhos que deveriam entender os princípios bíblicos não prosperam. Talvez você não saiba, mas os filhos das trevas acreditam mais em Deus do que os filhos da luz. O diabo acredita mais em Deus do que os filhos, ele entende que, quando Deus fala, está feito. E os filhos acreditam que Deus falhou com eles.

Um dos meus sócios, o Marcos Paulo, prestou vestibular e passou em duas faculdades de engenharia. Mas, depois de perceber que os engenheiros estudam durante cinco anos, e já formados ganhavam um salário de R$3 mil, comparou e constatou que o valor que ele faturava por mês, como corretor de imóveis, era o dobro do que ganhavam os engenheiros recém-formados. Resolveu estudar sobre marketing digital e hoje é bilionário.

Empreendedorismo é a fuga da cadeia. O sistema foi desenhado para você ser trabalhador. Antes, o ensino era somente para quem tinha o chamado para a sabedoria; todavia, com a obrigação do voto, o Estado contraiu a obrigação de fazer escolas públicas e moldar a mente do estudante. O sistema foi desenhado para ninguém empreender.

Além do sistema de ensino prezar por ensinar o aluno a ser empregado, outra falha no sistema é que a escola passou a ser um sistema de processo seletivo. A cada 100 pessoas, só 7 saem com o conhecimento básico de matemática. Se todos soubessem matemática básica, o Brasil já teria avançado e prosperado muito mais.

Bom ou ruim, ninguém ensinou a empreender, seja na educação básica ou ensino superior! Eu me lembro de fazer Especialização em Gestão Empresarial, na Uni Anhanguera, e muitas vezes levantava a mão e perguntava aos professores, por exemplo: "A senhora está nos ensinando sobre RH, qual a sua

> Precisamos libertar a nação, levantando empreendedores.

experiência em RH"? A professora respondia que não tinha nenhuma experiência na área. Na aula de empreendedorismo, perguntava ao professor se possuía uma empresa ou se já teve uma empresa, e a resposta também era "não".

Talvez alguns não saibam, mas eu adquiri uma rede de escolas, e na que meus filhos estudam, recentemente algumas professoras me perguntaram: "Como fazer para ensinar sobre empreendedorismo"? Respondi: "Vocês têm que empreender para contar a história de vocês". Uma das professoras pediu demissão e abriu a escola dela, foi empreender!

O sistema inteiro foi desenhado para que as pessoas não aprendam a empreender. E os que conseguem concluir as suas faculdades têm os melhores empregos na Petrobrás, no Banco do Brasil, na Siderúrgica Nacional, na Vale do Rio Doce e tantas outras empresas. E se não fosse isso, o povo não daria conta de falar, de escrever, apesar de ter muito analfabetismo ainda. Então, o sistema é muito bom para colocar todos em um nivelamento por baixo. As pessoas que conseguem escapar o fazem de modo semelhante a uma fuga.

É como uma arapuca no formato de pirâmide que não tem como as pessoas escaparem na ponta, todos ficam embaixo, sustentando o negócio. Precisamos libertar a nação, levantando empreendedores.

Responda para você mesmo, quanto tempo dura o seu salário? Para algumas pessoas, o salário dura um dia, dois dias, três dias! E para você? Quanto tempo dura o salário que você negociou? Quando você entende essa relação, quando você entende que já negociou a sua hora, e não tem mais hora para você prosperar, que não dá para prosperar porque a sua hora já foi negociada; você tem que tomar uma decisão!

Você pode me perguntar: "Pablo, mas eu estudei em escola pública e lá eles me ensinaram o contrário. Ensinaram que os empresários exploram o trabalhador, fazendo uma coisa que se chama mais valia. Você produz R$100 para a empresa e o empresário lhe repassa R$10 pela sua hora. Ele fica com 90 e repassa só 10 para você. Explica isso!

Essa é uma crença implantada por Karl Marx e Engels por meio do Manifesto Comunista. Não faz sentido ficar com essa crença que limita toda a sua vida. Imagine o seguinte, se o empresário lhe repassa dez e fica com noventa, quando tiver o balanço do DRE – Demonstração do Resultado do Exercício, um relatório contábil que reúne os principais indicadores financeiros de uma empresa em um determinado período e mostra se ela está tendo lucro ou prejuízo, no final do ano, se der negativo, você teria que devolver uma parte.

O risco da operação é do empresário, ele tem que tomar dinheiro emprestado, tem que assumir despesas com processos de ex-colaboradores. O ônus todo é por conta do empresário, se o funcionário não bate o resultado, o empresário não pode processá-lo.

Você me diz: "Pablo, ao ouvir você falar tudo isso, não quero mais ser empreendedo". Seja bem-vindo! Aprenda tudo com o seu patrão, honre-o como ensinam os princípios bíblicos e depois monte a sua empresa para você entender, avaliar e fazer as suas escolhas.

Se você é uma pessoa que vive ocupada, logo não tem tempo para prosperar. Se você já negociou sua hora, o máximo que pode acontecer é aprender uma coisa nova. Com todo o respeito, quero dar um chacoalhão em você. Se você negociou seu tempo mensal por um valor, não tem nada de errado, porém, está deixando de respirar aliviado pelo compromisso com algo que não traz o retorno que você merece. Pense que o ar que respira é seu salário. À medida que acaba o dinheiro, é como se o seu ar acabasse junto. Ainda faltam vários dias para virar o mês e você já não vai suportar ficar sem o combustível que permite você respirar.

> Se você é uma pessoa que vive ocupada, logo não tem tempo para prosperar.

Você negociou seu tempo por um preço. Se você não se organizar, vai viver com um cilindro de oxigênio a vida inteira. Imagine que você negociou o seu trabalho por um cilindro de oxigênio! Você negociou 720 horas que é o seu tempo mensal, por R$-1mil, R$5.000, mil, R$30 mil, não importa. Você é como se fosse uma lenha para queimar na caldeira de alguém. Não tem nada de errado, por enquanto, mas pessoas conseguem ter acesso à prosperidade e você 'não', porque está ocupado com o seu cilindro na mão. O teste do ar marca sua vida.

FAÇA UM TESTE COMIGO:

Respire bem fundo e solte o ar lentamente! Agora respire bem fundo e segure, não solte! Esse ar representa as horas que você negociou. E você continua segurando o ar! Passe um dia, e você segura! Mais dois dias e você segura! O ar é o seu salário. Cinco dias e ainda tem ar, você segura! Seis dias ... faltam só 24 dias. Tem que segurar! Você é um guerreiro, você segura o ar! Esse é um teste para marcar o seu cérebro! Você negocia um valor, põe o cilindro nas costas e tem que segurar 30 dias. Por isso 77% das famílias brasileiras estão endividadas. Se você não tomar uma decisão, você vai viver nessa escassez de cilindro de oxigênio. Salário é fase e não fim!

> Salário é fase e não fim!

Você precisa aceitar sua capacidade para a prosperidade. Acesse uma nova mentalidade. Esteja numa nova frequência. Como uma dona de casa pode fazer um milhão? Invista em uma marca de pano de prato, seja uma personal organize! É possível bater um milhão com qualquer produto. O que muda é o tempo e a energia que você vai usar, um dia, um mês, um ano, dez anos.

Um milhão é para qualquer um, mas é preciso deixar de fazer o jogo errado. Entenda que não é a minha mentalidade, mas a mentalidade de quem está na frequência. E é possível modelar para quaisquer serviços e produtos. Grandes oportunidades vão acontecer se você trabalhar com qualquer coisa.

A mentalidade não tem dono, é uma frequência de 6 dígitos, 7 dígitos, 8 dígitos, 9 dígitos. Uma frequência da mente milionária. A mentalidade nada mais é do que acessar a ciência da riqueza. Da mesma forma que você aprende a dirigir, a falar, a escrever, dá para aprender a produzir dinheiro.

Há uma ciência que mostra por A + B que você pode aprender a produzir dinheiro e enriquecer financeiramente. Poucas pessoas conseguem juntar as peças do quebra-cabeça sozinhas. Agora, com a onda da internet, pela primeira vez no mundo você consegue ter aula com bilionários como Flávio Augusto, Carlos Wizard e tantos outros e antes não existia isso.

> Da mesma forma que você aprende a dirigir, a falar, a escrever, dá para aprender a produzir dinheiro.

Essas pessoas estão compartilhando a ciência da riqueza. Se você executar, você vai enriquecer. Infelizmente, existem pessoas que têm a mentalidade de que ser rico financeiramente é ter sorte.

Para mudar essa mentalidade, é preciso se questionar. Os questionamentos podem vir de uma experiência com o próximo nível, com análise da rotina, e existem os pensamentos de primeiro nível e pensamento de segundo nível.

Veja um exemplo: Quando você vê uma pessoa dirigindo uma Ferrari, qual a primeira coisa que você pensa? "Ele é rico", "Ele é bem-sucedido", "Quero uma"? Se esses são seus pensamentos, você está no primeiro nível.

Os pensamentos do primeiro nível não vão levar você a bater R$1 milhão. Vai manter você na mediocridade, nos resultados medianos. Os pensamentos de primeiro nível levam você a agir por instinto, agir no automático e validar sempre os mesmos resultados. Todavia, se na mesma situação, você logo questiona: "O que esse cara fez para ter uma Ferrari"?, "Que decisão ele tomou que eu ainda não tomei"?, "Com quem ele faz networking"?, "Quais foram os 'nãos' que ele falou que eu não falei"?, "O que ele conseguiu fazer que eu ainda não testei"?, esses são os pensamentos da pessoa que está no segundo nível.

> A riqueza está na mente.

A falta de questionamentos, a falta de visão, continuar negociando a sua hora e se mantendo ocupado o tempo todo, isso não vai permitir que você avance! O segredo para sair do primeiro nível é praticar pensamento de segundo nível. Segundo a filosofia, esse é o processo de parir ideias, maiêutica. Construir e trilhar novas rotas, novos caminhos. Parir dói, pensar dói, se questionar dói! Ser milionário dói!

Você pode me perguntar: "Então ser rico é difícil"? Depois que você dominar a ciência da riqueza, as coisas ficam mais fáceis, mas no começo é difícil, sim. Mas ser pobre também é difícil. Ser pobre é ruim, ter filho doente e não poder pagar hospital é ruim, ter que pegar ônibus lotado todo dia é ruim, o filho pedir um presente e você não ter dinheiro para comprar é ruim, não morar na casa que você quer é ruim!

Então, se em ambos os níveis você enfrenta a dor, por que não enfrentar a dor para construir a sua riqueza? A riqueza está na mente. Tudo que é físico veio do mundo invisível. O ser humano comum quer ver para crer, é assim que o cérebro funciona. O mundo funciona no crer para ver.

Existem três mundos: Físico, Emocional e Espiritual. Se você quer ter R$ 1 milhão no mundo físico, você tem que visualizar primeiro no mundo invisível, mental e emocional. A sequência é ser, fazer, para depois ter. Diminuir o hábito de consumo e aumentar o hábito de produção. O que você tem no bolso é o que você tem na mente. Você precisa programar a sua vida para faturar o que você deseja.

TAREFA:

- Antes de prosseguir a leitura deste livro, se ainda trabalha de carteira assinada, sua tarefa agora é colocar a data para sair da CLT e elaborar um plano de ação para sair do CLT e ser o CEO de sua vida.

- O que você tem no bolso hoje corresponde ao que você tem na mente. Você está satisfeito com esse valor? Se a resposta for não, explique o porquê e qual o próximo passo que você dará para atingir seu objetivo.

CAPÍTULO 5

DE CALL CENTER A BILIONÁRIO

Decisões mudam destinos. Não se pode considerar que uma pessoa está começando do zero, ninguém começa do zero. Zero é uma pessoa que não tem identidade, que está nascendo hoje. Se está vivo, não está no zero. O que acontece é que a pessoa começa com a posição zerada. Tudo começa com uma base, com uma fundação.

Todos fomos treinados para ter limites e este está relacionado ao ambiente em que vivemos. Imagine você trabalhando ao lado de duas situações: a primeira, um empresário pegando um milhão de reais emprestado com o banco a juros de 2,8 ou 3,2% ao mês, e a segunda, outra pessoa adquirindo este mesmo dinheiro, a juros de 0,8% com o consórcio. No meio desta situação, suas vendas para dez, quinze, vinte ou trinta empresários rendem uma média de 30 mil reais por mês.

    Ser empresário não é empreender. Empreender é solucionar a dor. No exemplo acima, para escalar o processo de vendas, será necessário treinar mais pessoas para desenvolverem a mesma atividade. A prosperidade pode ser potencializada em qualquer assunto. Nossa sociedade é composta por 12 camadas nas quais podemos encontrar pessoas em diferentes níveis, tanto na completa miséria como na escassez até a morte. A camada 12, o último estágio de desenvolvimento mental, é onde encontramos apenas 2% dos brasileiros, os governantes.

    Possivelmente alguns governantes não tenham passado pelos estágios de 1 a 4. No perfil 4 e 5, são considerados iludidos, achando que alguém irá resolver os seus problemas. O estágio 6 é considerado estável. Neste, a pessoa não quer ser desafiada, já possui o próprio limite: quer somente pagar as contas. Não aceita realizar contas maiores do que as que já possui, não quer adquirir sabedoria, não gosta de riqueza, não gosta de comprar ou vender.

    Sua capacidade só será elevada quando a sua potência der sinal. Os perfis da camada da nossa sociedade são só status, não definem quem você é. A característica do mendigo, que está na camada 1, é pedir; do perfil 3 ao 7 as pessoas não vão se cruzar, mas vão pedir: pedir para entrar, para aprender; é uma grande fase de orgulho. Se a pessoa que está na rua, não souber pedir, morre de fome. Ao oferecer ajuda ao mendigo, ele sempre diz que amanhã irá mudar. Qual é a sua diferença para o mendigo?

Nem que leve dez anos, o pior mendigo vai governar. É necessário subir um nível a cada ano, sempre depois de governar no perfil que está. Muitas são as justificativas para o retorno ao perfil anterior como: ter perdido as pessoas de confiança, vícios em jogos, bebidas, drogas, perversidade com sexualidade, dilapidação do patrimônio. A própria família acaba rejeitando e a pessoa volta para a rua. Do mesmo jeito que voltou para a rua, pode virar governador do Estado.

COLOQUE DATA PARA MUDAR DE NÍVEL

Robert Downey Jr., ator de O Homem de Ferro, já esteve preso. Quando saiu, mudou e desenvolveu a sua mentalidade. Trabalhou nos papéis mais poderosos e hoje ninguém lembra da sua fase ruim. Quando você é alguém que tem um presente brilhante, o seu passado não interessa.

Muitas pessoas não possuem um excelente resultado por deixarem o passado incomodar todos os dias. A maior dificuldade é por estarem em ambientes onde os indivíduos não querem o seu crescimento. Trabalhe em lugares que você possa aprender e coloque data para sair, para subir de nível. Cumpra esse compromisso.

Quando entrei na Brasil Telecom, coloquei um ano para sair do atendimento de call center, e em 11 meses eu saí. Quando estava como instrutor, estipulei mais um ano, assim cumpri. Como supervisor de treinamento também mudei em 12 meses. Enquanto Coordenador, sai em 2 anos estando no Cargo de Executivo e desejava ser Presidente da Companhia; neste, não coloquei data. Foi o local onde fiquei mais tempo.

A minha vida era a Brasil Telecom e, neste mesmo período, havia iniciado a faculdade de Direito. Era um excelente aluno em todas as matérias, tirava nota dez em tudo até o quarto período. Diariamente eu pensava: hoje sou o melhor aluno de direito, hoje sou o melhor colaborador da Brasil telecom. Estava dividido nas duas funções. Um certo dia, fui convidado para ajudar na execução de um grande evento artístico. Realizei um investimento de R$ 2.500,00 neste show. Solicitaram mais um depósito de R$ 2.500,00, sendo necessário o uso do cartão de crédito. Conquistamos o retorno de 300 mil reais.

Era o meu quarto ano dentro da companhia. A obstinação pelo cargo de Presidente me impediu de deixar a companhia naquele tempo. Nessa empresa, recebi um total aproximado de 400 mil de proventos durante os oito anos de trabalho. Hoje, ao clicar em um botão, recebo um milhão de reais!

Naquele período possuía três caminhos: primeiro o Direito, segundo a Brasil Telecom, e terceiro, os eventos. Ao iniciar as atividades com os eventos, decidi que não desejava mais a Brasil Telecom, porém permaneci por mais três anos. Cheguei a concluir o curso de Direito, contudo, sem exercer a profissão. Os eventos proporcionaram muito retorno financeiro, mas também não faço mais. O call center foi minha obrigação para pagar a faculdade.

Iniciei o intraempreendedorismo com a elaboração de trabalhos para vender aos alunos que não faziam; alugava os acentos do meu carro para transportar os estudantes. Na empresa, vendia para os funcionários as apostilas dos cursos que eu ministrava. É importante lembrar que salário é uma ajuda de custo enquanto você aprende, parou de aprender, precisa mudar de nível. Precisa tomar cuidado com coisas que vão o prender, tem coisas que são muito confortáveis. Se tiver uma visão de crescimento, todas as coisas funcionarão.

O sonho do mendigo é ter um bocado de pão e uma mão cheia de moedas para beber a pinga. Não sonha com roupas, com sabonetes, não está nem aí. Isto prova que o sonho é definido pelo tamanho da crença, da energia, da frequência que carregamos.

A MENTALIDADE É O PONTO DE CORTE

Quando você é a sua profissão, vive no modo automático, você parece um zumbi, fazendo todos os dias as mesmas coisas. Do meu lado, no call center, havia pessoas com diploma de médico, engenheiro, que diziam estar ali para pagar as contas. Não haviam desenvolvido networking. Estudaram demais na faculdade, mas não entenderam que tinham que ir aos eventos para se conectarem com outras pessoas e assim mudar a mentalidade.

O que não pode acontecer é deixar a sua profissão contaminar a sua identidade. Você não é engenheiro, não é corretor de imóveis, você está como engenheiro, você está como corretor de imóveis.

O Brasil é o único país do mundo onde o pobre fica rico muito rápido e o rico fica pobre na mesma velocidade. Isto chama-se inversão social. Este fenômeno ocorre por termos muita gente endinheirada, não rica. O rico não cai rapidamente, isso pelo fato de ter desenvolvido a inteligência emocional.

O poder é concentrado em poucas pessoas. Em uma pesquisa divulgada recentemente, o Brasil ganhará 100 mil novos milionários nos próximos dois anos. Esta previsão nos mostra que o poder está sendo pulverizado nas mãos de muita gente que pode estar despreparada para manter ou alavancar a sua riqueza. Alguém fica rico assistindo à novela? A novela é uma terapia de derrota na qual colocam os ricos como vilões, e as pessoas pobres como vítimas. Você começa a odiar os ricos das novelas trazendo isso para a realidade. É pura programação neurolinguística! Odiando rico, como irá ficar rico?

No livro Os segredos da mente milionária, está escrito que sempre devemos abençoar um rico. Sempre quando vir uma pessoa próspera, abençoe-a. Desde quando iniciei o meu projeto missionário, nunca aceitei alguém ir para a África bancado por nós. Como um pobre pode ajudar a África? Uma pessoa desprovida de recursos só levará mais pobreza para o lugar.

O ponto de corte não é o dinheiro, é a mente. Quando uma pessoa não tem os recursos, mas corre atrás, pode conseguir o que quiser. Não é o dinheiro que você possui que define o que você é. Há pessoas que possuem milhões e estão tomando as decisões erradas. Se não está dando certo, deixe o orgulho, dê um passo para trás, diminua o tamanho, respire!

Eu odiava os ricos. Depois que vim para o lado de cá, percebi que são eles quem sustentam o país. Você reclama dos ônibus do transporte coletivo, o dono da empresa é um rico; reclama da coleta de lixo, o proprietário da coleta é um rico. Até você, que não entendeu o jogo até agora, é rico. A única coisa que não é do rico é a alma dele, que vai para o inferno ou para a eternidade.

QUAL É A DEFINIÇÃO DE DESIGUALDADE SOCIAL NO BRASIL?

Um dia alguém criou as cotas para trazer igualdade. Conhecemos dezenas de negros que são altamente competentes, por exemplo, no futebol temos Pelé; no velocismo, Usain St. Leo Bolt; no boxe, Muhammad Ali e Mike Tyson. Sendo assim, para ter a igualdade, as cotas deveriam ser invertidas. Deveriam iniciar dando vantagens para aos brancos para poderem alcançar os negros. Inverter as cotas nos esportes ninguém irá concordar, não é? Continuar nos dividindo é um dos principais objetivos das cotas brasileiras.

O José do Egito não era negro, mas foi vendido com escravo. A justiça social promove a enganação, fazendo as pessoas sentirem-se vitimizadas. Todos nós somos escravos de pecados, de inferno e de tudo que está até hoje sondando a Terra.

As pessoas querem colocar um código na cor da pele. Não importa a cor que você tem, mude a sua mente. Não somos iguais! O que nos diferencia é a mentalidade. Frequente ambientes que irão fazer você prosperar.

COMPROMETA-SE COM OS SEUS RESULTADOS

Para dispor de um megarresultado, é necessário ter microrresultados empilhados. As pessoas que mais nos amam não enxergam os pequenos resultados. Fomos programados para surpreender as pessoas. Os pequenos avanços farão as pessoas zombarem de você, dizendo que não dará certo, que irá voltar atrás.

> Não importa a cor que você tem, mude a sua mente.

Por isso é importante deixar algumas pessoas pelo caminho; depois, lá na frente, poderá aceitá-las de volta. Contudo, somente com a condição de que elas também irão crescer, uma vez que não terão nem a frequência necessária para conversar com você. Poderão chamá-lo de gênio, mas isso só serve para denunciar a própria incompetência. Não existe gênio. O crescimento de uma pessoa está relacionado ao esforço, à persistência e à sabedoria.

Deus sempre está conosco. Ele diz: "você é amado, filho, estou com você!". Ele não coloca comida na boca de alguém, não faz avião decolar, mas nos impulsiona! Ele dá a semente e faz a terra produzir. Tudo isso é sobre governança. Em Provérbios diz que a sabedoria fica gritando pelas esquinas, e as pessoas zombando dela. Na última hora, quando não tiver mais jeito, ela é quem zombará das pessoas.

As maiores fases de desenvolvimento das nossas vidas ocorrem quando fazemos compromisso público. Faça

> A realidade muda de acordo com nossas decisões.

como os pássaros, que nunca aprenderam a voar, mas voam. Todo primeiro voo de um pássaro foi a queda, todo primeiro andar de uma pessoa foi o chão, todo primeiro passo de um empreendedor é a lona. Tem que conhecer a frequência da lona, do pó, do chão, para não ficar com medo. A realidade muda de acordo com nossas decisões.

SINTO MUITO, MAS NÃO POSSO CONTINUAR AQUI.

Outro bom exemplo de mudança de mentalidade é a história da carreira do Marcos Paulo, que foi narrada no capítulo anterior. Ele começou a trabalhar na feira como vendedor de cinto. Realizou duas faculdades de Engenharia: Mecatrônica e Engenharia Civil, ambas no Instituto Federal de Goiás, abandonando as duas. Ao analisar seus ganhos como corretor de imóveis e o salário dos colegas da faculdade, verificou que não fazia sentido continuar estudando para ganhar metade do que ganhava como corretor, uma atividade que não exigia dele um diploma acadêmico.

Ao analisar uma lista com dez nomes dos donos de construtora que conhecia, constatou que nove não eram engenheiros. Sendo assim, para ser dono de uma construtora, não precisava ser engenheiro. Portanto, a engenharia não supria seus objetivos pessoais; continuar nestes estudos era um péssimo caminho.

Como corretor procurou novas alternativas para vender mais imóveis usando o marketing digital. Descobriu que a venda de produtos digitais era mais interessante, e assim mudou a rota. O primeiro curso que comprou foi o de leilão de imóveis, com o intuito de vender aos clientes da própria imobiliária. Também criou um site para as vendas on-line.

Quando conheceu o tráfego pago, passou a vender somente infoprodutos estudando lançamentos digitais, assim, desconectou-se da imobiliária. Como vendedor de cinto, aprendeu a negociar e a convencer as pessoas, como engenheiro, desenvolveu raciocínio lógico.

Uma qualidade importante para o nosso crescimento é o desapego. É importante sempre questionar, sempre adquirir novos aprendizados. As pessoas foram programas para ter estabilidade, a estabilidade não existe. Se o país entrar em uma guerra, acaba a estabilidade. Se há estabilidade, o pobre continua pobre, e o rico continua rico. O Pobre é quem precisa desejar a mudança; quem precisa desejar o caos é quem está embaixo. É a única chance que ele tem para subir de nível.

T A R E F A :

- Converse com pessoas experientes em finanças, como consultores financeiros ou pessoas que já alcançaram sucesso financeiro, e faça perguntas para expandir sua compreensão.
- Reserve um tempo para estudar e pesquisar sobre finanças pessoais, investimentos e planejamento financeiro.

CAPÍTULO 6

DESCUBRA OS BLOQUEIOS QUE O IMPEDEM DE ALCANÇAR O MILHÃO

Você precisa saber o que está impedindo você de prosperar. Eu vou lhe falar de nove bloqueios e depois vou lhe mostrar a distância que você está em quilômetros ou em horas da sua prosperidade. Os bloqueios são: vitimismo, necessidade de aprovação, autoimagem, relacionamento, insegurança, escassez, criatividade, aprendizagem e medo.

A primeira coisa que o impede de ser milionário é o vitimismo. A vítima gosta de colocar a culpa em todo mundo e em si mesmo e fica dolorida por isso. Existem pessoas que dizem que de onde vieram não tem como ficar milionário, essas são

> Para curar a necessidade de aprovação, você precisa decepcionar as pessoas.

vítimas e nunca ficarão milionárias. Foi o vitimismo que tirou Adão e Eva do jardim do Éden.

A tarefa para deixar de ser vítima e parar de culpar os outros e a si mesmo é sair do lugar de sempre, porque esses bloqueios estão mantendo você à distância daquilo que nasceu para fazer, da sua prosperidade, da riqueza. Por exemplo, se você chama uma pessoa para correr cinco quilômetros, a pessoa que é vítima não corre, começa falar que o joelho está ruim. Você vai ficar nisso? Uma hora culpa o joelho, outra hora culpa outra coisa. Entenda uma coisa, a culpa é igual a condenação.

O segundo bloqueio é a necessidade de aprovação. Por que você precisa ser aprovado por alguém, sendo que Deus já o aprovou antes da fundação do mundo? A necessidade de aprovação impede que você seja ousado e o impede de fazer coisas novas. Isso acontece justamente porque a sua cabeça está no modo escravo e você precisa que várias pessoas que o aprovem. Vou passar o remédio para isso, para curar a necessidade de aprovação, você precisa decepcionar as pessoas.

O terceiro é a autoimagem, esse bloqueio é como você se vê, mas isso não é sobre como você quer ser visto, e sim sobre como as pessoas que têm autoridade sobre você falaram a seu respeito. Algumas dessas pessoas editaram a sua vida, e você precisará ressignificar a forma como se vê. A autoimagem é regulada por resultados, quando você ficar milionário, ficará mais confiante, não tem a ver com o dinheiro e sim com a capacidade de geração de riqueza, comece a alavancar.

Existe um estudo científico que você pode conferir no livro 12 regras para a vida, de Peter Jordan. A primeira regra é costas eretas e ombro para trás. É um estudo feito com a lagosta, um animal que existe antes dos dinossauros, o sistema nervoso central do ser humano é parecido com o desse animal, só que mais evoluído. Esse estudo feito na lagosta também foi feito em seres humanos e funciona da mesma forma.

A lagosta é um animal territorialista, toda vez que vai disputar território, ocorre uma briga e a que ganha fica com o ombro para trás, costas eretas e o peito estufado que libera uma substância chamada dopamina, e a que perde libera octopamina e fica curvada; a partir da disputa, a que ganha começa a procurar confusão com todas as outras lagostas que invadem o território dela.

Devido à sua postura, aumenta a amplitude, o que eleva a chance de ganhar mais vezes por causa do neurotransmissor positivo; a que perde fica deprimida, com os ombros para frente, fica triste e com menos poder de alcance nas garras, e, quando vai para próxima briga, tende a perder. Esse mesmo comportamento acontece com o ser humano.

Quando você dá uma palestra para 30 pessoas, está morrendo de medo, mas, quando termina, você percebe que foi capaz, depois você faz para 50 pessoas, 100, 200, e quando

> O reforço positivo em uma vitória faz com que você tenha mais vitórias.

menos perceber já estará falando para 15 mil pessoas dentro de um estádio de futebol. O reforço positivo em uma vitória faz com que você tenha mais vitórias. Isso significa dar valor às pequenas vitórias.

Essa é uma teoria de Pavlov, se você começa a ter uma constante prática de crescer e ter progressão, começará a andar de costas eretas e peito para frente. Às vezes uma pessoa que é derrotada vê alguém com uma postura ereta andando e logo diz que é uma pessoa metida; não pense assim, pois essa pessoa é vitoriosa, está em posição de poder.

O que você precisa entender é que esse reforço positivo da vitória é fundamental para você mudar o jeito com que você se olha. Muita gente que diz que queria resolver as coisas só na teoria, mas posso lhe falar uma coisa? Não resolve. A teoria é muito bonita, mas ela sozinha é como um homem sem uma mulher, ele não consegue ter um filho. Você tem que entender que não tem como ter resultado com teoria sem a prática.

O próximo bloqueio é o de relacionamento. Quando você se sente inseguro em relacionamentos, é possível que isso tenha iniciado nos seus relacionamentos familiares na infância. Tem uma frase de Henry Ford que diz: "é melhor confiar nas pessoas e se decepcionar do que não confiar em ninguém e não ter resultado". Você vai ressignificando essas coisas ao longo do caminho, se uma pessoa da sua confiança fez algo ruim para você, ressignifique e olhe para as outras pessoas que estão dando certo.

Você precisa ressignificar sua relação com os pais e entender que você morre de medo de ser traído ou contrariado, morre de medo que alguém faça o que você não gosta. Não se preocupe com isso, essa é a vida.

> Sua escassez não vai beneficiar você em nada, mas a sua riqueza, sim.

Escassez é um sintoma que faz com que você pense que todo o seu dinheiro vai acabar e você vai para debaixo da ponte. O engraçado é que a pessoa que tem escassez trabalha bem para os outros, mas não dá conta de fazer por ela mesma. Você acredita que existem pessoas que pensam que não terão dinheiro para sustentar a própria família? Você sabia que 85% dos seus pensamentos negativos nunca vão acontecer? São pensamentos para não gastar energia. Sua escassez não vai beneficiar você em nada, mas a sua riqueza, sim.

Se você pensa que não quer ficar rico, porque tem muita gente passando fome, então fique pobre e vá passar fome junto. Agora, quanto mais pessoas ricas, mais empregos são gerados e muito mais pessoas saem da pobreza. Se você é pobre, vai passar fome e não beneficia ninguém; se você só come, beneficia no máximo quem produziu a comida, mas, se você é rico, vai liberar emprego, vai tirar dinheiro no banco, uma pessoa que compra um único carro beneficia mais de mil pessoas.

Meu primeiro carro tinha mais de 10 anos, eu comprei para ficar isento logo no IPVA, a lei é assim, mas eu penso que essa isenção do imposto deveria ser feita para carros novos, porque o estado incentiva as pessoas a serem escassas com essa ideia do carro velho. Acredito que o IPVA deveria ser para os carros mais velhos, porque estes emitem mais gases para a atmosfera, poluem mais, dão mais acidentes, isso traz mais custos hospitalares, têm uma visibilidade pior, geram menos empregos. O carro novo em uma concessionária gera muito mais empregos, a cadeia é gigantesca, emprega o caminhoneiro que leva os pneus, o outro que leva o combustível etc.

Quando muito, o estado nos ensina a poupar. Mas isso é coisa de pessoas pobres, quebradas, porque isso atrai escassez. Você não tem que aprender a poupar, e sim a investir, a exponencializar seus resultados. É a mesma coisa que ter carro velho para não pagar o IPVA.

TAREFA:

- Faça uma lista com todos os bloqueios identificados por você. Estabeleça uma nota para todos os seus bloqueios, sendo 0 para dizer que você não tem e 10 para dizer que ele é muito alto em sua vida. Depois divida por nove, que é a quantidade de bloqueios que citei aqui. Essa média mostra a quantidade de horas que você está distante da sua prosperidade e de estar em ambientes de prósperos.

PARTE 2

PUBLIC AND PRIVATE
SERIES

CAPÍTULO 1

COMO ACESSAR A SABEDORIA E ATIVAR A RIQUEZA

Para acessar a sabedoria e ativar a riqueza, é necessário renunciar a aprendizados antigos que não funcionam mais. Isso pode ser difícil, já que nosso cérebro tende a resistir a mudanças. No entanto, é importante desbloquear o sistema de crenças e estar aberto a novos aprendizados.

Para alcançar resultados, é preciso prestar atenção ao processo de mudança e estar disposto a investir tempo e esforço. É comum você ter dúvidas sobre a capacidade de mudar, mas é importante acreditar em você e manter uma atitude positiva.

Há alguns anos, eu costumava realizar sessões individuais com pessoas que buscavam mudanças em suas vidas. Mesmo

MILLI∞N MIND

> É possível acessar a sabedoria e ativar a riqueza, desde que você esteja disposto a renunciar ao que não funciona mais e esteja aberto a novas possibilidades.

com o compromisso de estar pontualmente no local combinado, era comum algumas pessoas se atrasarem. No entanto, aquelas que se mantinham comprometidas e abertas a novas experiências tinham maiores chances de alcançar seus objetivos.

Lembre-se de que é possível acessar a sabedoria e ativar a riqueza, desde que você esteja disposto a renunciar ao que não funciona mais e esteja aberto a novas possibilidades.

O cérebro não abre espaço para novos aprendizados se não houver desapego, além disso é importante ter microrresultados, pois são pequenas mudanças que geram atração para sair da zona de conforto. É necessário quebrar o sistema de crenças limitantes para criar possibilidades e acreditar que é possível. Não é possível ter dois aprendizados conflitantes sobre a mesma coisa, então é preciso escolher um novo caminho.

A ideia é trocar uma crença limitante por uma nova e mais positiva. É importante entender que é possível adotar novas crenças e significados para alcançar a riqueza e a sabedoria.

Declare: "Eu troco essa crença errada por uma nova e me desbloqueio, ressignificando". Ressignificar é trocar a crença que não dá resultados por uma que está cheia de novos significados. Isso é o que você precisa entender. O interessante é que não dá para sobrepor uma crença sobre a outra. Tem que tirar a crença velha primeiro, caso contrário a nova não vai funcionar.

Talvez você já tenha me visto correndo, ficou com muita vontade de correr também, mas não corre de jeito nenhum, nem um quilômetro. Só que eu lhe falo: se você quiser desinstalar essa crença sozinho, dificilmente você consegue. Mas, se você estiver com outra pessoa, você faz que nem vê. Tudo é uma questão de acreditar que é possível. Tinha uma senhora, mentorada minha, com 65 anos, que fez 42 km. Uma pessoa que não sabe correr leva mais de cinco horas, e um mega atleta faz em duas horas correndo sem parar. Mas essa senhora acreditou que poderia e fez.

Vou lhe dar um conselho, vai vencer uma das piores crenças que você tem sobre recurso. Anota aí: chama-se dinheiro novo. Dinheiro novo é o quê? Qual é a cabeça do miserável de um escasso? O miserável pensa que o mundo é injusto, porque ele acha que toda a riqueza que tem na Terra só está sendo dividida e repartida com todo mundo.

Se eu, Pablo Marçal, acordar amanhã e decidir plantar soja na minha fazenda recém-criada, o dinheiro novo não vai parar de surgir. Mas calma, dinheiro novo não é criado do nada. Ele surge através de transformações em bens naturais ou sintetização de coisas artificiais.

Se construir algo, posso criar um dinheiro novo que antes não estava disponível no mercado. Para você ter uma ideia, a riqueza de todas as nações não ultrapassa 300 trilhões de dólares. Essa riqueza é medida através do PIB (Produto Interno Bruto), que é calculado com base no consumo interno, gastos governamentais, exportação e menos importação. A maioria dos países usa esse tripé econômico para medir a saúde da economia.

O que estou lhe ensinando agora é que, se você destravar sua mente, pode se tornar um gerador de dinheiro novo. Por exemplo, uma pessoa olha para o mar e decide transformar água salgada em água doce. Ela não precisa promover um milagre, apenas criar uma máquina de dessalinização e vendê-la para várias indústrias. Assim, já está fazendo muito dinheiro apenas com a inovação.

Esse empreendedor pode conseguir uma patente e acabar com o desequilíbrio de água potável em várias partes do mundo. Se o Centro-Oeste do Brasil não precisa de água salgada, ela pode ser levada facilmente para outras regiões através de canalizações subterrâneas. A tecnologia também pode ser aplicada ao tráfego de dados, com a instalação de satélites fora da Terra.

O dinheiro novo é infinito, o problema é que muitas pessoas ainda acreditam que a Terra tem uma quantia limitada de riqueza que precisa ser dividida. Quando você tem essa mentalidade, pensa que é incapaz de conseguir mais dinheiro. Mas, se você se libertar dessas crenças limitantes, pode se tornar um gerador de dinheiro novo.

> Você não precisa se limitar ao que você ouve sobre finanças. Deus é abundante, o mundo é abundante. A criatura é abundante. Você, como filho, deveria ser abundante.

O homem criou uma linha de produção, uma linha de mineração, uma linha de extração, são muitas as atividades novas que estão sendo feitas para gerarem dinheiro. O dinheiro no mundo é abundante, a limitação está só no seu bolso. Quando você for abundante de mentalidade, o recurso que você carrega vai trazer dinheiro novo todo dia.

QUAL É O PROBLEMA QUANDO A SUA MENTALIDADE É ESCASSA?

Você acha que a conta tem que dar zero. O que é zero? Se está no seu bolso, não tem que estar no meu. O dinheiro é infinito, só que é no futuro, não no agora. No agora, você tem exatamente o que está aí com você. Contudo, o tempo inteiro aparece um novo. Quando alguém falar "vou plantar soja", você não sabe o impacto disso na cidade. A pessoa vai vender mais sementes, vai ter mais empregos, vai vender mais máquinas, vai vender mais caminhão, vai vender a soja e chegará mais comida na mesa de alguém. Então, preste atenção.

Abrir sua cabeça para isso vai fazer com que você não se limite ao que você vê. Você não precisa se limitar ao que você ouve sobre finanças. Deus é abundante, o mundo é abundante. A criatura é abundante. Você, como filho, deveria ser abundante. Por que não prospera? São os bloqueios que o atrapalham e um deles é a escassez.

O dinheiro é um sistema que não pode ser impresso na quantidade que queremos. Logo, os trilhões de riquezas que as nações produzem não podem ser impressos. Talvez seja inconcebível a ideia de ter tanto dinheiro circulando no mundo. Automaticamente, se houvesse uma alta exposição de recursos financeiros, o dinheiro perderia completamente o valor.

O dinheiro é um símbolo de confiança. Vamos instalar o drive mental do dinheiro. Anote aí: o dinheiro é energia de troca.

Ele, em si, não é absolutamente nada. Não estou falando mal do papel, pois ele é apenas uma folha com uma codificação que equivale à energia que você tem disponível. Então, a nota do dinheiro mexe com muita gente, mas ela não vale absolutamente nada, se não tiver o respaldo da confiança do Banco Central.

O comunista da Venezuela mandou imprimir dinheiro porque a economia começou a inflacionar, mas, quando você coloca uma exposição de dinheiro, você quebra o país. O que você precisa fazer é investir em produtos que consigam entregar e que tenham cadeia de produtividade. É preciso convencer as pessoas a parar de comer certos alimentos e comer apenas os que têm entrega para ver se regula o preço.

A inflação não começa com esse produto, mas sim na logística. Por isso, é preciso investir nisso. Se o país quer crescer, ele precisa construir. É difícil ser um governante de um país e fazer esse negócio dar certo. Mas é preciso entender que, para governar a sua casa, é mais simples, por isso o governo deve começar em casa.

Deixa eu dar uma dica para você: quem carrega sabedoria tem respostas e ideias que não tem no maior mecanismo de busca do mundo. Qualquer coisa que você fala, pensa ou pesquisa está no Google. Mas, se você for pela sabedoria, verá que ela é melhor que o Google.

Você precisa fazer uma lista de coisas para fazer dinheiro novo. Não é fazer dinheiro só com coisas que já existem. Existem várias formas de gerar dinheiro novo. Então, tem dinheiro que vai brotar na próxima semana, depois que você tomou uma decisão. Vai nascer uma planta, vai nascer um animal. Por falar em animal, você sabia que tem cachorro tendo uma vida melhor que a sua? Isso é muito sério. Há pessoas que estão dispostas a pagar de oito a dez mil reais por um filhote de cachorro! Se você gosta de animais, quem sabe não é desse negócio que virá sua próxima fonte de renda?

Preste atenção: Existem cachorros que têm a vida melhor que a sua. Eu estou com ciúme da minha cadela, porque descobri que agora Carol paga um homem para andar com ela. Eu falei: 'Não quero mais'. Eu vou correr com ela, e o cara é muito 'da hora'. Não é normal, não é uma escassez minha, mas eu fico indignado, porque ele anda com 18 cachorros e cobra R$400 de cada cachorro e com isso faz quase 8 mil reais. Sabe qual é o detalhe? É aprender a fazer dinheiro novo por meio da sabedoria.

Entenda que, se você prosperar, todo mundo ganha. Para prosperar, você tem que soltar todas as crenças malignas e, para isso, comece com o transbordo! .

6 PRINCÍPIOS MILIONÁRIOS

Invista toda a sua energia, tudo o que você tem naquilo que lhe dá retorno. Na vida, há um retorno, mas às vezes é exatamente o retorno que não desejamos. Se você come de forma descontrolada, haverá consequências negativas e é importante considerar se é isso que você realmente quer. Se estamos comendo emocionalmente, em vez de ter uma fome física, é possível que tenhamos algum desequilíbrio emocional dentro de nós.

> Invista toda a sua energia, tudo o que você tem naquilo que lhe dá retorno.

É possível que pareça que você está comendo comida, mas, na verdade, está comendo emoções. Quero deixar claro que não tenho a intenção de ofender ninguém ao dizer isso. É importante tratar o peso de forma emocional, caso contrário, você acabará caindo nas mãos da indústria alimentícia, que só quer destruir nosso corpo.

E por quê? Porque muitas vezes os donos das empresas alimentícias também são donos de empresas farmacêuticas. A minha revolta não é com a sua gordura, pois isso é problema seu e, só seu. O que me incomoda é que você não sabe disso e precisa resolver essa questão. A inteligência artificial pode ser útil em muitas coisas, mas não pode substituir a habilidade humana de sentir emoções corretamente. A cultura alimentar japonesa é diferente da nossa, e eles não caem em armadilhas de alimentação da mesma forma que nós.

Se você for aos Estados Unidos, verá que cerca de 55% da população é obesa. Ao visitar a Disney, por exemplo, é impossível não notar a quantidade de pessoas com carrinhos motorizados que pesam em torno de 150kg. Ofender e ignorar não é a solução. Se você não tratar isso e não aprender, não há como prosperar.

Estava em um programa de televisão dando entrevista e me perguntaram o que eu achei do atual presidente ter comprado um sofá de R$ 65.000 e uma cama de R$ 45.000. Chocou todo mundo lá. Respondi que era normal, pois ele mora num palácio e seria estranho se ele comprasse um de apenas R$ 2.000, como o sofá que tenho da Tok & Stok, muito parecido com o dele. Foi por isso que eu falei "dois mil", que foi eu mesmo que comprei esse sofá que me acompanha desde a primeira empresa.

O tapete também é o primeiro que comprei para minha casa, há 14 anos, e todo mundo falando que já está na hora de renovar. Quero que fique como um símbolo. As pessoas ficam discutindo no programa de televisão o efeito das coisas e não a causa das coisas. Um deles me perguntou: "Você está falando sério que não se importa?" E eu respondi o seguinte: "Primeiro, você tem que saber que tudo o que é comprado para o Planalto vira bem público. Então, ninguém gastou dinheiro. O dinheiro está lá. Segundo, se é um palácio, tem que ser à altura do palácio. Eu acho uma vergonha gastar apenas R$65.000 em um sofá. Estou falando sério. Fico sem graça. Se você vai receber a rainha da Inglaterra, não pode deixá-la sentar-se em um sofá de R $65.000. Estamos falando de um palácio". Eu disse que precisamos tratar da causa. Depois disso, o entrevistador me perguntou como seria isso e eu disse: é só tirar esse bando de vagabundo de lá. Não adianta colocar coisa barata dentro, é acabar com a era palaciana e tirar a política do palácio.

Então, perguntaram-me o que seria feito com o palácio. A resposta foi monetizar. As pessoas da escola pública visitam de graça, e os turistas pagam. Aquilo que gastava milhões, para sustentar vagabundo, agora vai dar lucro para a União. Vocês entenderam ou não? O pessoal que é de alto nível ficou chocado só de ouvir isso.

CAUSA E EFEITO

Você vai entender. Há uma goteira na casa, e a maioria das pessoas irá colocar um balde para aparar a água, outras vão colar chiclete do lado de dentro e isso vai tratar apenas o efeito, mas, para tratar a causa, o único jeito é consertar o telhado ou trocá-lo. A motivação não passa de 30 minutos, é apenas uma empolgação, um êxtase cerebral que depois vai embora. A ativação nunca é a motivação para prosperar.

Se você quer prosperar, precisa mirar na causa das coisas. Não tenha medo. Vá na causa, não trate o medo como um fim em si mesmo. Só tem medo de riqueza quem se enxerga como escravo.

> Você pode querer o hábito que for, mas, se não tiver a meta, não é uma mudança interna. O hábito só vai ser validado e permanecer dentro de você se você tiver a identidade correspondente.

Porque, se você for governante, terá pequenos resultados. Isso vai crescendo e adicionando energia, e é isso que faz você suportar tamanha riqueza. Vamos usar um exemplo: Hábito só funciona se sua identidade for revelada. Você pode querer o hábito que for, mas, se não tiver a meta, não é uma mudança interna. O hábito só vai ser validado e permanecer dentro de você se você tiver a identidade correspondente.

Para ser pobre, não precisa treinar, só precisa sofrer. Pobre é todo aquele que é improdutivo. Não é estado social, como morar em casa debaixo da ponte. Isso não o faz pobre. Não é pobreza propriamente como você aprendeu, significa pouco na possibilidade de ter produzido muito, significa ser improdutivo.

O hábito de ser produtivo somente irá acontecer se tiver entendimento. Revelação, ativação da identidade. O primeiro ato de quem é produtivo está escrito no livro Os Códigos do Milhão, na parte 54, que diz: "dissolva relacionamento com pessoas que o atrasam". Mas a pobreza grita: "Não, mas é meu amigo". Pode parecer grosseiro isso que estou falando, mas pelo menos é verdade, porque quem é muito rico não se relaciona com gente que atrasa. Seja próspero e use isso para ajudar pessoas como essas que atrasam, mas não ande com elas. Andar e ajudar são coisas diferentes.

SEJA INVESTIDOR

Declare: eu sou investidor. O Investidor não põe dinheiro ou atenção ou recurso naquilo que não dá retorno. Deixe-me ajudar uma pessoa que precisa para fazer uma cirurgia. Talvez você pense que não dá retorno, mas dá, porque você está investindo em Deus. O que você tem que entender é que ser investidor não é esperar a pecúnia, dinheiro de volta. É esperar a energia, porque eu já expliquei o drive. Quando você planta na vida das pessoas, talvez você não colha logo, mas você vai colher em algum momento.

No Brasil são 20 mil famílias, porém existem mais de 20 milhões com mais de 20 milhões de reais como patrimônio, ganhando mais de 20 mil por mês. Isso representa apenas 1% de toda a população brasileira.

Qual é o meu objetivo como pessoa? Eu só quero dobrar o número de ricos nesta geração. Só isso, mas dobrar já criará um desequilíbrio astronômico. A mensagem vai chegar aonde precisa, mais pessoas vão destravar. Você não está entendendo o tsunami que vai acontecer.

Não é apenas sobre dinheiro, é sobre tornar a mensagem importante. Acabar com o jogo, porque nele as pessoas ficam doidas por dinheiro. Com isso, vamos restaurar a família e fazer seus filhos se tornarem pessoas que prestam. Não precisamos quebrar o sistema, dá para usá-lo.

Quem é produtivo deveria dizer "vamos para frente, vamos para cima". Você vai subir na pressão da energia. A sua energia que vale é o retorno. Invista na inteligência. Sabe o que acontece? Isso é um tipo de investimento. Sinta a energia do dinheiro.

CAPITALIZE O TEMPO

Depois que me tornei um gestor do tempo, eu falo: vou comprar um helicóptero para fazer tempo. De carro, você pega um trânsito em São Paulo para chegar a Interlagos. Se tiver trânsito, leva duas horas para chegar. Se chover, leva três, mas, se for de helicóptero, leva 14 minutos. A maior parte dos sete anos passados eu estava modelando meu cérebro, moldando meu cérebro para viver uma vida só voando. Hoje em dia, eu voo mais do que ando de carro. É o tempo todo, quase todos os dias. Às vezes, num dia, eu voo três vezes para lugares diferentes. Só que isso, antes de comprar, eu ficava falando, é assim que eu quero.

Eu não quero que as escolas treinem crianças para serem médicos. Claro, precisamos de médicos, mas, entre nós, ama-

> Então entenda a sua identidade, rompa bloqueios e viva desfrutes.

nhã, não precisaremos de médicos. Deixe que a inteligência artificial resolva. Não fiquem preocupados, vocês não vão mais ao hospital. Vamos colocar nanorrobótica dentro de vocês e tudo ficará bem.

Pode acreditar, vai dar tudo certo no futuro. Acredita-se que nesse futuro as pessoas nem precisarão transar, sabe por quê? Dá trabalho demais convencer o outro: são brigas e apertos de mão. Quem vai querer isso, se vai existir a sensação de prazer por emulação? Para esse futuro, mais do que nunca, essa geração precisa ter sua identidade bem clarificada. Então entenda a sua identidade, rompa bloqueios e viva desfrutes.

Os multimilionários capitalizam o tempo. Por exemplo, tem gente que raspa a cabeça porque é uma economia de 480 minutos por mês. Outra forma de capitalizar o tempo é tomar banho com água gelada. Eu levo de três a cinco minutos, e você leva 30 minutos na água quente. Multimilionários não perdem tempo assistindo à televisão, a séries ou coisas do tipo. Normalmente, eles frequentam alguns jogos por causa do networking, não por fanatismo. Coloque isso em sua cabeça!

Capitalizar o tempo pode significar dissolver relacionamentos que não dão retorno ou evitar atividades que não contribuem para nossos objetivos. A ideia é sermos mais seletivos na maneira como usamos nosso tempo e estar dispostos a sacrificar coisas que não agregam valor à nossa vida.

Em última análise, capitalizar o tempo é trocar a mentalidade de consumo para a de fornecimento. Em vez de consumir mais coisas, devemos investir em nós mesmos e em nossos objetivos pessoais. Isso pode levar tempo e esforço, mas o resultado final pode ser muito gratificante.

DEIXE DE SER CONSUMIDOR E SEJA FORNECEDOR.

A internet, por exemplo, é uma droga que você fornece ou consome. Se você é aquele que apenas consome, gasta de quatro a cinco horas por dia alimentando seu vício. Mas, se você é o fornecedor, gasta todo o seu tempo distribuindo conteúdo e gerando valor para as pessoas. Tem um ditado em qualquer lugar do mundo: traficante não usa droga. Sabe por quê? Porque senão ele fica viciado e não consegue mais operar. Agora, para não causar problemas, vamos mudar o nome de traficante para fornecedor. Ou você fornece, ou você consome. Quem é você? Aquele que produz e entrega conteúdo para quem consome, ou aquele que consome o conteúdo de quem produz?

COMPRE HABILIDADES

Você está lendo este livro para comprar habilidades. Faça uma lista das tarefas de quantas habilidades você ainda não tem e quer ter.

Durante um ano, existem 8.760 horas disponíveis para todos nós, mas muitas vezes desperdiçamos muito tempo em atividades inúteis ou rotinas desnecessárias. Se você dedica 730 horas por ano para se dedicar a atividades úteis, isso equivale a dez horas a mais do que um mês inteiro acordado. Essas horas extras podem ser usadas para investir em si mesmo, aprender novas habilidades, trabalhar em um projeto pessoal, entre outras coisas. Essa mudança pode ter um grande impacto na sua vida ao longo do tempo.

A ideia de "décimo terceiro, décimo quarto e décimo quinto mês" é interessante, pois muitas vezes passamos muito tempo dormindo ou em deslocamento, e isso pode ser otimizado para aproveitar melhor o tempo útil. Se você pode investir mais de oito horas por dia em atividades úteis, imagine o que você pode alcançar.

Eu vou lhe explicar como se tornar milionário de uma maneira simples e lógica. Se você investir 10% do seu patrimônio e repetir a operação 10 vezes, terá um milhão de patrimônio. Porém, a escala de bilhão é tão grande que um milhão de vezes não é suficiente.

Quando alguém diz que é bilionário, é como se fosse um querubim ou alguém dos Cavaleiros do Zodíaco, pois ninguém conseguiu fazer um bilhão com as próprias mãos. É impossível, mesmo com habilidade, capacidade e competência. Para entender melhor, vamos trocar o valor de milhão por segundos. Um milhão de segundos equivale a cerca de 11 dias, mas um bilhão de segundos é igual a 31 anos. É difícil entender como algumas pessoas conseguem acumular tanta riqueza, mas geralmente é através de associações e investimentos em negócios diversos.

Para alcançar o sucesso financeiro, é importante ter a mentalidade correta e estar sempre disposto a aprender e evoluir. Meu grupo hoje vale R$ 2,5 bilhões, mas isso não aconteceu do dia para a noite. Tudo o que fiz foi para aprender e evoluir, e sempre que atinjo um novo patamar, passo o bastão para alguém que possa fazer melhor e vou para a fase dois.

> A mentalidade de riqueza é fundamental para atrair a riqueza, pois Deus nos prometeu que comeríamos o melhor desta terra.

A mentalidade de riqueza é fundamental para atrair a riqueza, pois Deus nos prometeu que comeríamos o melhor desta terra. Comprar habilidades também é uma forma de investimento, e é importante mudar a mentalidade de consumidor para produtor. Lembre-se de que o ônus sempre fica com o comprador, então faça perguntas e descubra tudo o que puder antes de fazer um investimento.

Quem tem o poder de compra sempre terá a vantagem de fazer perguntas sobre o que vai comprar. Mas, se o vendedor tem o poder de convencer, de mostrar os benefícios e fazer o comprador acreditar que precisa do produto ou serviço, ele será o melhor vendedor do mundo. Então pode ficar multimilionário com isso. pode ser mais cheio de Deus do que ele, pode acordar mais cedo de que ele, só que ele tem uma coisa que você não tem: as habilidades.

Anote isso: eu não posso virar este ano sem virar uma máquina de venda. Todos os homens e mulheres multimilionários que eu conheço pessoalmente são vendedores. Não existe um único que não tenha essa habilidade. Ou seja, sem essa habilidade, você não vai ficar milionário, está reprovado. Uma das habilidades essenciais para isso é a comunicação.

Comunicação não é falar bem, comunicação é entrar no nível do interlocutor, que é o outro. Mandaram uma mensagem e checaram se ele entendeu. Eu acho tão bonito quando a pessoa fala assim: "Desculpe, não foi isso que eu quis dizer", você não entendeu a linguagem da pessoa. Porque comunicar não é falar palavras bonitas, é falar com a pessoa. Se você não aprender a se comunicar, não terá êxito.

Eu não estou falando só para um nicho, há pessoas de todas as idades, porque estou falando para a alma. Então, eu falo de dinheiro, falo de espírito, falo de alma, falo de corpo, falo de casamento, falo de política.

Então, como posso ajudar? Seu negócio é que você quer comprar um curso. Não compre curso, compre habilidade. Depois que você descobre que 50% do povo brasileiro nunca saiu do município em que nasceu, fica evidente a importância de buscar novas experiências. Você não precisa ter muito dinheiro para isso. Mesmo parando em um posto de gasolina e perguntando para um caminhoneiro, é possível descobrir novos lugares para explorar.

Na Argentina, por exemplo, é possível ver como uma outra cultura pode ter uma visão diferente da nossa. O que quero que você entenda é que, para mudar a sua vida, você precisa mudar sua mentalidade. Eu costumo correr 5 km todos os dias e, quando chego a uma subida, faço sempre a mesma coisa: levanto os braços e continuo correndo. Isso faz com que eu não sinta tanto a fadiga muscular e consiga vencer a subida mais facilmente.

> O segredo é persistir na mudança, mesmo quando a mente tenta nos sabotar.

O segredo é persistir na mudança, mesmo quando a mente tenta nos sabotar.

TAREFA:

- Escolha uma boa habilidade e entregue o que você tem para sair 'top' com ela, porque ela vai lhe dar vantagem. Não é sobre diminuir ninguém, mas, se você não é bom para falar, aprenda a falar, porque isso vai lhe dar vantagem. No mundo dos mudos, dos envergonhados, dos tímidos, quem sabe falar é rei e não tem como parar.

- Faça novas conexões, porque isso vai gerar novas possibilidades. Conecte-se com pessoas novas, aquelas que têm a mentalidade de buscar coisas novas, conhecer gente nova, explorar lugares novos. Não tenha medo, vá encontrar novas pessoas e descobrir novos lugares.

CAPÍTULO 2

O SEGREDO PARA CRIAR OPORTUNIDADE E TER ATITUDE

O SEGREDO PARA CRIAR OPORTUNIDADE E TER ATITUDE

Eu saí para correr com a Harley e um segurança começou a correr atrás de mim. Eu pensei e falei: "O que eu fiz?". Ele me disse: "Você mudou a minha vida. Eu estava o assistindo e uma chave mudou a minha cabeça, e eu abri meu negócio". Ele estava na casa de outra pessoa fazendo a segurança e veio atrás de mim dizendo que eu mudei a vida dele. Se você prosperar e transbordar, isso será algo natural e acontecerá o tempo todo.

> Se você prosperar e transbordar, isso será algo natural e acontecerá o tempo todo.

Quando eu estava em Interlagos, muita gente chegava ao meu carro de corrida e falava: "Pelo amor de Deus, você mudou a minha vida." Tenho um recado para todo mundo: Eu não mudei. Eu não carrego isso, não fiz nada. Não há como eu fazer pela pessoa se ela não fizer. Nem o sucesso,

> Pessoa mudar a vida de outra, não muda. O que vai mudar chama-se decisão, depois ação.

nem o insucesso têm a ver comigo, mas a pessoa pode dizer: "A semente eu peguei com você". Eu entendo, mas, de verdade, seria uma usurpação se eu aceitasse isso. Não há lógica em uma pessoa mudar a vida de outra. Não muda. O que vai mudar chama-se decisão, depois ação.

Os estados cognitivos são assim: o estado de morte leva a pessoa para a cama, pensando em suicídio. Isso não é para mim. Pensamento negativo já é o estado de completa miséria. Não é por falta de dinheiro, porque há muita gente com dinheiro que quer se matar. Por isso que eu falo para tirar da cabeça que riqueza é dinheiro. A pessoa fica em estado de morte, e não há nada que você faça para resolver, nem mesmo a oração, porque este é o começo, mas ainda ficará faltando a ação.

Há pessoas que não gostam de ouvir isso, porque pensam que tudo na vida parece que resolve com oração, mas não resolve. Eu digo isso mesmo sendo um cristão que chora todo dia na presença de Deus. A oração é uma criação de energia.

Falta a outra ponta, porque a própria Bíblia diz o que estou falando: "A fé sem obra é morta". É como se estivesse construindo algo e faltasse uma peça. Porém, por mais que a oração não resolva tudo, ela começa tudo, então precisamos materializar essa oração.

O processo de melhora vale dois pontos, a mudança vale 20 e a transformação vale 1000 se fossemos estabelecer um ranking. Na transformação, você anula a fase anterior, não há como voltar.

Darei um exemplo: você era CLT e falou: "Vou prosperar empreendendo". No processo, é melhor você acreditar que vai acontecer, mas logo você já fica com medo de tantos boletos que vê. Aí pensa assim: "Eu vou voltar atrás", ou seja, só teve um pico de melhora e volta. No processo de mudança, você já muda. Sai de um emprego, quebra a cara e fala: "Estou voltando, patrão". A mudança garante o seguinte: "Está aberta a devolução". A fase anterior.

No processo de melhora, você só acredita que irá acontecer. Na melhora, é só um pico emocional. Na mudança, mesmo que ela seja curta, média ou a longo prazo, você vai voltar, porque você não afundou nem explodiu a ponte, não afundou o barco, não eliminou a saída de onde você veio. Mas o processo de transformação não tem volta. Darei uma definição: Se você vira religioso, você vai desvirar; tanto é que você vê gente falando: "Eu já fui disso e não sou mais", mas era aquilo e saiu, porque era só um processo de mudança. Se você for Cristão verdadeiramente, andando com Cristo, isso não tem como desvirar, porque o processo do Cristianismo envolve uma morte, uma entrega que não é sua mais.

Vou explicar para ficar mais simples: não estou falando de religião. Um bebê que está na barriga da mãe, se ele nascer, tem como colocá-lo de volta? Supondo que o parto seja normal, depois que o quadril gira, o processo de expulsão, todos os órgãos que estavam sendo suprimidos voltam ao lugar na hora que esse bebê sai. Não tem espaço, o bebê não cabe. E se alguém fizer errado, vai matar o bebê e a mãe. Só que um segundo atrás, ele acabou de sair e tinha espaço.

Essa é a grande coisa que você tem que aprender sobre transformação. Alguém que estava num casulo falava que iria voar, e as pessoas ao redor davam risada sem acreditar naquela lagarta. Só as borboletas que estavam voando acreditaram, porque elas vieram disso. E isso é um processo de "transformação". Depois a borboleta aparece batendo as asas e você conta que ela saiu daquilo e ela não entende, porque ela não estava desse jeito um dia atrás. Mas acontece algo: se a borboleta não gostar do par de asas, ela não consegue voltar atrás mais.

Eu estou convidando vocês a entrar num processo de transformação. Vou explicar para ficar nítido para 100% de quem está lendo agora: se você lê este livro pela metade ou faz uma tarefa de vez em quando, então faz as coisas meia-boca e isso é um processo de melhora. Você vai ficar empolgado e vai parar.

Transformação custa caro. É preciso eliminar a fase anterior para que haja uma melhora emocional temporária. Para alcançar uma verdadeira mudança, é necessário um reposicionamento geográfico sem a possibilidade de retorno. A transformação implica a eliminação da fase anterior.

Pegar esses três elementos é o suficiente, não é preciso saber mais nada sobre o assunto, basta aplicar. Qual processo você deseja? O de melhorar, o de mudança ou o de transformação? E qual é o preço da transformação? A eliminação da fase anterior é o preço a ser pago. Transformação é melhorar a fase anterior.

> A transformação implica a eliminação da fase anterior.

Eu fiquei quase oito anos no grupo Oi Brasil Telecom. Quando eu saí em 2013, não olhei nem para o lado da companhia, ao passar na porta dela. Eu não olho para o lado, mas já passei olhando para baixo, até de helicóptero por cima.

Quem olha para o lado está ensaiando olhar para trás. Quem olha para trás é derrotado e deixa a pista aberta. Então, não há como voltar atrás. Isso não é uma brincadeira. Eu cansei de ver gente que saiu de uma companhia e voltou. Esses caras não têm vida. Aquilo lá para mim foi só uma fase muito boa, mas nem olhar para o lado eu olho. Porém, quando passei de helicóptero, fiz questão de mostrar o tamanho da empresa: "Olha só o tamanhozinho que é isso. Parecia tão grande".

Vou lhe ensinar uma coisa: ganhe dinheiro na compra. A maioria das pessoas que nasceu no Brasil acha que ganha dinheiro na venda, mas ninguém ganha na venda. Vamos todos aprender. São drivers mentais, certo? Se eu perguntar o que é venda, cada pessoa vai me responder de um jeito, pois cada um tem um drive.

O que é juro? É o aluguel de dinheiro. O mundo gira em torno disso, e os bancos também. Eles pagam juros pela poupança, mas é uma mixaria que não serve para nada, porque emprestam o dinheiro cobrando o dobro do valor pago. Isso é de forma conservadora, pois, para os pobres, emprestam cinco ou seis vezes mais caro, mas o agiota empresta ainda mais caro. E mesmo assim as pessoas pegam.

Os juros são o aluguel do dinheiro. No caso das Casas Bahia, elas não vendem móveis, elas alugam dinheiro. Por isso, as mobílias não prestam, para continuarem sendo trocadas, e as pessoas acharem que as Casas Bahia gostam delas. "24x" pelo dobro do preço e metade da qualidade, para que você veja. Talvez eu até leve um processo por dizer isso, mas eu já fui cliente e sei que não prestam mesmo. O segredo está nas "24x sem juros". Seria mesmo sem juros? Claro que não, pois tem mais de 10% ao mês, e todos que não entendem de finanças falam que é o melhor negócio do mundo. Nada contra as Casas Bahia, eles apenas aprenderam o jogo. Muitas empresas fazem isso.

Negociar é uma arte, e eu sou um artista. Negociar é a mãe da compra e da venda, pois a mais poderosa de todas as artes é negociar. Mas para isso você precisa desenvolver habilidades, como a arte de falar poderosamente, chamar a atenção das pessoas e reter a atenção delas.

Qual é o maior ativo do mundo? A atenção. Não é à toa que o grupo do Facebook vai faturar agora um trilhão de dólares com anúncios. E como faz isso? Com atenção. Portanto, recomendo que você estude a arte de negociar e desenvolva suas habilidades de comunicação ainda este ano.

Por que tem esse ciúme de internet com televisão? Porque a atenção da TV está sendo roubada. Em outubro de 2018, foi a primeira vez na história que o celular ultrapassou a TV em termos de atenção, e, a partir desse dia, a televisão nunca mais foi a mesma, e quem assiste à TV fica com o celular na mão.

Portanto, é necessário aprender a arte de vender e de negociar. O drive mental de negociar é a renúncia. Negociar significa renunciar o ócio; o que faz uma economia ser próspera é ter pessoas movimentando-a o tempo todo. Se as pessoas entrarem na ociosidade e pararem de negociar, começaremos a ter uma economia fraca.

Eu estava dando uma oferta em um helicóptero e falaram: "O cara não vai aceitar 3 milhões de dólares nesse helicóptero". Eu disse: "Problema dele, faça a oferta que eu estou lhe falando". Ele me perguntou por que eu achava que ele iria aceitar, e eu falei: "Porque todo mundo está sem dinheiro, e os que têm não vão colocar no jogo", ou seja, a ociosidade de não querer jogar (as finanças são o jogo) fará com que algo aconteça – as pessoas perderão a confiança e poderemos comprar coisas mais baratas.

Sobre a arte de comprar, o que é comprar? Eu posso querer aquela coisa mais do que tudo, mas, se eu não tiver o capital inicial, não consigo comprar. Uns ricos me contaram

> Seja justo na negociação e ataque a margem.

que "é feio pedir desconto", mas eu continuo pedindo, porque a arte de negociar desconto já está embutida no markup, ou seja, na formação do preço.

Talvez você não saiba, mas o nome do banco Bradesco significa Banco Brasileiro de Descontos. Descontos de precatórios, títulos... O que é desconto? Descontar significa dar um desconto em um título, abaixar o preço. Um desconto é real quando há uma antecipação, quando a letra que eu tenho na mão é mais poderosa do que a que é financiada. Se eu estiver falando sobre a sua margem, sobre a formação de preços da sua empresa, e você disser que a inadimplência é de 8%, é hora de aprender a arte de comprar. Eu pergunto à pessoa: "Você consegue dar uns 12% de desconto?". Só pelo jeito como ele responde "Ah, não tem como", já dá para perceber que tem.

Se uma pessoa chega em mim querendo fazer negócio e eu vejo que ela quer me vender algo muito inferior, fora dessa faixa, eu tenho que ser verdadeiro. Eu não pago uma coisa absurda e inferior que vá prejudicar a pessoa. Se eu perceber que a pessoa está doida, eu não pago mesmo. Se eu perceber que ela quer gerar valor para cima de mim, para depois ficar correndo atrás de mim por causa desse desconto, eu também não pago. Nenhum cliente tem dó de ninguém. Anote isto: seja justo na negociação e ataque a margem.

Agora, vou lhe ensinar uma coisa que ajuda demais na compra. Eu digo "essa é minha melhor oferta". Essa frase parece mágica no Brasil. Para melhorar, (mas tem que ser falado na sequência, senão uma não vale): "E se eu estivesse na sua condição, eu aceitaria". Após dizer essas duas coisas, a pessoa começa a pensar no que ela nunca pensou. E por que eu falo isso? Porque, no lugar dessa pessoa, eu não posso mais ter esse bem. Só está dando prejuízo, quer se livrar dele.

Então as três frases mágicas para comprar são:

- "Essa é minha melhor e única oferta";
- "Se eu estivesse na sua condição, eu aceitaria";
- "O negócio já está fechado, só você pode impedir isso".

Se você usar essas frases e fizer um movimento de pêndulo de braço para apertar a mão do homem, dizendo "o negócio já está fechado, só você pode impedir isso", ele vai no impulso, e isso chega a ser feio.

O que eu peço a você é que tudo o que for fazer, faça com honestidade. Há uma margem de justiça, e se for muito abusiva, não faça. Não leve vantagem sobre as pessoas, mas aprenda que, na riqueza, um não tem que ganhar, e o outro perder. Não é perda e ganho para um lado só. Se você souber jogar, vai ganhar sempre. Agora, se você não sabe jogar, saiba que existe um jogo e tudo que está em sua mente é um jogo, sempre. A palavra "jogo" em latim vem de "jocus", que significa diversão. Talvez você esteja pensando: "Finanças é um trem muito ruim na minha cabeça". Eu sei disso, porque você não domina, mas, se você souber jogar, vai ganhar sempre. Se não souber jogar, precisa aprender. Tudo na vida é um jogo.

TAREFA:

- Seja intencional. Faça uma lista dos serviços ou produtos que tem a oferecer e o nome das pessoas que podem lhe abrir portas a fim de que alavanque suas vendas. Em seguida, anote como você pode servir a essas pessoas a ponto de caminharem juntas e, no caminho, elas conheçam seus serviços e produtos e o auxiliem em seus projetos pessoais.

- Você aprende neste capítulo que o maior ativo do mundo é a atenção. O que tem feito para atrair a atenção para seus produtos ou serviços?

- Como é seu desenvolvimento em uma negociação? Você é um bom negociador? Se não for, como vai colocar em prática o que aprendeu neste capítulo?

CAPÍTULO 3

COMO SAIR DAS DÍVIDAS

Pesquisa recente mostrou que 77% das pessoas estão endividadas; 77% odeiam fazer o que fazem agora. Esses dados se cruzam e não é por acaso. Sabe por quê? Porque fazem o que não gostam, não conseguem fluir, ocupando-se com algum prazer imediato para tentar tirar essa tristeza da alma. A pessoa acaba consumindo sem parar mesmo não tendo o dinheiro, tentando repor essa falta emocional.

A causa que leva a pessoa a se endividar é ser treinada para fazer algo que não nasceu para fazer. Se não gosta, ficará frustrado. E para acabar com a frustração, precisa repor com algum prazer, e este prazer está nas coisas. Quando faz o que gosta, não tem como alguém imputar o trabalho para você. Quando faz o que gosta, não tem como ser chamado de trabalho, uma vez que o trabalho é castigo. Algumas profissões precisam entrar na escala e horário certo.

Pare de se fazer de vítima. Se o mundo inteiro empreendesse, não precisaria de governo. O governo não produz riqueza, ele só tira a riqueza das pessoas para dividir com quem não produz. Não é abandonar, e sim ensinar a destravar as pessoas. A mentalidade de quem governa é uma mente que é maior que todo governo. As maiores famílias do mundo têm mais riqueza que alguns países juntos, por serem famílias governantes.

Pare de fazer aquilo para que você não foi chamado. Pode-se tirar proveito de tudo, não joga fora sua experiência, mas carrega isso para o seu próximo nível. Se perguntar para uma pessoa por que ela faz o que não gosta, ela pode lhe dizer que não sabe. Outras podem dizer que era o sonho do pai.

Meu pai trabalhou em um banco do estado desde os 15 anos de idade. Trabalhou no legislativo, sempre no funcionalismo público. Aposentou-se como funcionário público. A instrução que ele me deu foi: "Seja funcionário público". Ele me ensinou o que aprendeu. Nunca me inscrevi ou comprei apostila para concurso público. Estudei, peguei outro caminho e fui trabalhar para uma grande empresa.

Na Venezuela, 40% das pessoas eram funcionárias públicas e tinham estabilidade. O que aconteceu? Quebrou o país. Tinham uma commodity forte de petróleo, mas o preço caiu pela metade. A Venezuela, que tem a maior reserva e produção de petróleo da Terra, 4 vezes maior que os EUA em produção de petróleo, quebrou.

> "O que você fez com a vida que eu lhe dei?".

Não é sobre o dinheiro que você tem, mas pela mentalidade. Se coloca toda a nação com uma mentalidade de estabilidade, a qual não existe, o país quebra. Não ter sabedoria vai fazer você entrar em jogos de pessoas que nunca questionaram isso e o fará ser uma pessoa infeliz.

Estudou em uma faculdade completamente inválida para agradar alguém, e faz parte dos 77% dos que odeiam o que fazem, você está devendo ao Reino. Está devendo a Deus. Está devendo a um monte de pessoas que estão morrendo, porque não está abrindo a sua boca. As dívidas não são no SPC e nem no Serasa, a dívida será quando você parar na frente do Trono Branco e Deus falar assim: "O que você fez com a vida que eu lhe dei?".

Muitas pessoas aprenderam que cumprir o propósito tem a ver com a sua profissão. Na verdade, cumprir o propósito tem a ver com a sua vida e ser usado onde estiver. Quando não faz o que precisa ser feito, destrói a sua família, sua casa, a sua nação. Tudo, porque não sabe a sua identidade e o seu propósito.

Pense no tanto de pressão que tive que sofrer na vida. Eu queria ser jogador de futebol, passava na peneira e ninguém me queria. Meu pai me motivava pelo ambiente em que eu estava para funcionário público. No final das contas, no meio do ca-

> O seu propósito está intimamente ligado ao seu bloqueio.

minho, fui 'picado' por algo, o empreendedorismo.

Meu alvo de vida era ser delegado da Polícia Federal. No segundo ano da faculdade, eu dizia que seria o melhor advogado do Brasil. Do outro lado da rua, tinha a Brasil Telecom, onde eu trabalhava como atendente de call center, apenas para pagar a minha faculdade. Porém, no meio do percurso, surgiu uma vaga de instrutor de treinamento. Eu ficava nervoso em qualquer conversa, começando a gaguejar. Falei que iria participar dessa entrevista e passar.

Um amigo disse: Você? Você é gago, se enxerga! Eu olhei para ele e disse: Você vai ver. Eu me inscrevi, não li tudo o que estava escrito, e marcaram o dia da entrevista. Eu tinha o cabelo até o ombro, pesava 59 kg, bem magro. Entrei na entrevista com uma bermuda de skate e todos estavam de terno.

E a mulher perguntou na entrevista onde estava a minha apresentação de Powerpoint? Perguntei: tinha que trazer? Disse que tinha. Pedi para ela me deixar apresentar por último. As pessoas passavam por mim e me olhavam como se eu fosse um mendigo. Todos passaram, e a diretoria estava com uma cara de decepção. Quando você começar a achar o seu propósito, tudo estará pronto para dar errado.

Na hora esqueci de ficar gago, meu coração explodiu e sem apresentação, falei: essa aqui é a minha senha da intranet da Brasil Telecom. Vou mostrar um procedimento da empresa.

Hoje, como atendente, sei que os atendentes não seguem isso, pois não recebem treinamento. Vou contar para vocês porque essa empresa tem os piores resultados da Anatel e de qualidade do Brasil. Falta de treinamento. Você sabe por que o Império Romano governou o planeta? Comecei a falar poderosamente. Eles ficaram assustados, eu assustado e ninguém entendeu nada. As pessoas falaram: ele é o instrutor.

Eu estava todo errado, vestido todo errado, sem apresentação, mas Pablo Marçal foi aprovado para instrutor. Quando isso aconteceu, lembrei-me da fala do meu amigo dizendo que eu era gago. Daquele dia em diante, esqueci disso. Toda essa situação, as pessoas me olhando como um mendigo, me deu um fervor e virei uma máquina para falar.

Ao virar instrutor, descobri um propósito e não um cargo. Ao dar instruções para as pessoas, olhava para elas e dizia: "Ninguém acredita em uma pessoa dessa. Eu vou fazer essa pessoa passar na prova". Comecei um movimento. Certa vez um diretor disse que não iria precisar de todas as pessoas que estavam sendo treinadas, iriam demitir as duas turmas do instrutor novato.

Estava próximo do Natal. Fui chamado na sala, e, ao questionar o motivo, ele disse que eu era o mais fraco dos instrutores, que eu era novato, e iria mandar a minha equipe embora por causa disso. Então, sugeri que ele fosse mais sensato e me desse mais uma semana, aplicasse uma prova para todas as mais de 30 equipes em treinamento e assim avaliasse os frutos dos resultados.

No dia seguinte, falei para a minha equipe: "Quero contar algo para vocês. Vocês não terão o peru, vão passar o Natal demitidos. Mas tem uma coisa, a salvação chegou. Se chegarem mais cedo, ficarem até mais tarde, pararem de molecagem e entender o que estou ensinando, vou dar a minha vida por vocês. No final de uma semana, terá uma prova. E o Natal de vocês terá peru. Mas, se não levarem a sério e não estiverem no horário que eu falar, ficarem enchendo o saco, não vou dar o meu melhor".

Chorando, disseram que dariam o melhor. Muitos não sabiam nada de suporte técnico, os que tinham mais dificuldades, eu ensinava (mandava chegar três horas mais cedo). Faltei uma semana da faculdade para ensinar a essas pessoas. E, no final, não perdi um único aluno. Como um bom professor, fiz o que tinha de ser feito: olhar para as pessoas e sentir o sinal delas, se estão progredindo ou não. Foi isso que eu fiz.

CONFIGURE O SEU CÉREBRO PARA O MÓDULO 'APRENDIZAGEM'

Você está endividado, porque não tem uma mentalidade de produtor e nem de desfrutante. Precisa repor pedaços da sua alma que caiu no caminho com coisas, pregando com adesivo e ir adaptando à sua vida. Um governo comunista não ensina desde pequeno a investir, a administrar riqueza, a potencializar receita. É mais fácil dominar você na miséria, na ignorância. Você só sabe coisas que são completamente inúteis e é por isso que vai viver endividado.

Dívida é um estado emocional. E a taxa de ocupação com assuntos que não fazem sentido afunda cada vez mais esta pessoa nas dívidas. Existe um tipo de dívida boa e qualquer outro tipo de dívida é ruim. É a dívida de alavancagem. Se a dívida é de consumo, é idiota.

Você foi doutrinado para ser bem informado. Quando entra no seu carro, liga o rádio e fica ouvindo informações que nem precisa. Ao chegar do trabalho, em vez de ficar com os seus filhos, liga a televisão e assiste ao jornal. Quando elas crescerem e não estiverem cumprindo o propósito delas, você vai ver o preço de ser inútil. As informações são para mudar seu estado emocional e não o fazer prosperar. A informação muda a emoção. "O rico domina sobre os pobres, o que toma emprestado se torna servo do que empresta" Provérbios 22:7.

> Dívida é um estado emocional.

A dívida de alavancagem, por mais que tenha juros, o que estou comprando vai aumentar, repor a compra e me fazer prosperar. Exemplo: Compra de um iphone, dívida de consumo, não ganha nada com isso e o faz perder dinheiro quando, ao abrir o Instagram, fica vendo um reels atrás do outro. Isso o faz se esquecer do que se propôs a fazer, mas nas mãos de uma pessoa com mentalidade próspera é uma máquina de fazer di-

> Você que é medroso, essa é a maior dívida que tem com o Reino.

nheiro e recursos. Se precisa aprender algo, segue até aprender o que precisa e deixa de seguir. Pare de seguir pessoas que não produzem e de ficar cuidando da vida dos outros. Se não há algo de bom para você crescer na vida, não faça.

Existem muitos lugares lotados de pessoas que precisam ouvi-lo, mas não ouvem, porque você se faz de idiota. Se você não entender o seu chamado e desfrutar, vai viver endividado e não é só com dinheiro, mas com o mundo espiritual. Era para você estar fazendo fogo descer do céu. Com toda essa tecnologia, era para todos estarem aprendendo. Fica com medo de tudo. Você que é medroso, essa é a maior dívida que tem com o Reino.

"Mas, quanto aos tímidos, e aos incrédulos, e aos abomináveis, e aos homicidas, e aos que se prostituem, e aos feiticeiros, e aos idólatras e a todos os mentirosos, e a sua parte será no lago que arde com fogo e enxofre; o que é a segunda morte".

Imagine-se feliz, fazendo aquilo para que foi chamado, acordando cedo, conectando a sua mente no mundo espiritual, lendo a Bíblia (não tem nada a ver com religião), e começa a transbordar na vida das pessoas; correndo ou pedalando, liberando endorfina e está sempre em uma novidade de vida. A dopamina o pega andando sempre com gente que o ama. Você abraça a pessoa e fala que a ama, liberando ocitocina e vive. Quando você entrega o amor que Deus lhe deu para outras pessoas, como ficará em dívida? A Bíblia diz: "mas, buscai primeiro o reino de Deus, e a sua justiça, e todas estas coisas vos serão acrescentadas". Mateus 6:33

Quem não transborda em amor vive em dívidas, porque não consegue pagar a Deus. Não tem como pagar a Deus, a única forma para você manter fluidez no Espírito é transbordando na vida do outro. O primeiro sintoma de um rio, quando é cortado, é que ele vai baixando até virar lama.

Se você foi configurado para o modo consumo, terá de desconfigurar seu cérebro. Um cérebro não trabalha com duas configurações. A dívida de consumo vai o consumir. Casa própria financiada é um exemplo, porque no final terá pago três casas. Isso pode o levar a ter o mesmo emprego a vida inteira, devido a uma decisão errada.

Você precisa ser "irresponsável" para fazer coisas diferentes. É melhor atrasar as suas contas para sair desse círculo vicioso e parar de fazer o que não gosta. Caso contrário, não encontrará o flow, o que faz o cérebro operar com a capacidade e potência três vezes superior que o cérebro normal. O cérebro em flow pode colher até 300% de energia.

Um americano é 2,5 vezes mais produtivo que um brasileiro. Brasileiro leva 1 hora para fazer o que o americano faz em 15 minutos. O americano não faz o que tem vontade, ele faz o que precisa ser feito. Crianças fazem o que têm vonta-

> Quem não transborda em amor vive em dívidas.

de, adultos ou pessoas maduras fazem o que precisa ser feito. Japoneses fazem higiene mental para ter foco e concentração.

A forma como você se enxerga é a raiz de tudo. Se você se enxerga como um endividado, sempre será um endividado. Agora, se você se vê como alguém que está preparado para liderar e governar, você vai explodir. "Porque, como imaginou na sua alma, assim é; ele te dirá: Come e bebe; mas o seu coração não estará contigo. " Provérbios 23:7

Você foi ensinado a ser especialista em uma única coisa, e isto não pode. Uma única fonte de renda é o mesmo que ir para a cova, ser sequestrado pelo sistema. Se o salário atrasa ou acontece algo, acabou. O número de rendas não tem limites. Aprendi aos 12 anos, lendo o livro "Pai rico, pai pobre", que o pai pobre é o funcionário público, com cabeça de estabilidade, e o pai rico, o empreendedor.

Aos 16 anos, junto com um amigo, consertei um fusca que batemos. Quando o padrasto desse meu amigo chegou, estávamos muito felizes por ter resolvido o problema do carro sem gastar um real. E ele nos contou um segredo da vida: um dos segredos da vida não é fazer isso, é ter mente aberta para aprender coisas o tempo inteiro, é pagar outras pessoas que só fazem isso.

Na hora eu achava que não tinha sentido, mas esse meu amigo ouviu o conselho. Hoje, ele tem uma empresa que fatura 100 milhões de reais. Na fase inicial, você vai trabalhar muito, depois você avança e coloca outro para fazer isso. Não tem lógica você ficar 'ralando' até a morte. Não seja antissistema, não seja vítima dele. Crie o seu próprio sistema.

Não empreste dinheiro para ninguém e nem seja fiador. Todas as pessoas podem mudar a qualquer momento. A Bíblia diz:"Não aceite ser fiador de ninguém, porque, se você não puder pagar a dívida, levarão embora até a sua cama" Provérbios 22:26-27.

Enxergue oportunidades em tudo. Quem tem dívida em valor X, é porque a sua mentalidade de prosperidade é do valor X também. A sua mentalidade emocional é que é abalada. Empresas não quebram, pessoas, sim. Quebrar é quando você não dá conta de chegar a algum lugar. Você vai quebrar pelas pessoas que tocam os seus recursos.

PASSOS PARA SAIR DAS DÍVIDAS

Cortar gastos: é utilizar um "torniquete" e estancar o sangramento. No mundo empresarial, utiliza-se a expressão downsizing, que é reduzir o tamanho de tudo;

Recuperar: dívida não se paga, dívida se negocia. Teste por um período este momento que está vivendo;

Alavancagem: é potencializar o canal de receita.

Como pode observar, esses passos são fundamentais para quem deseja prosperar.

TAREFA:

- Faça uma avaliação completa de suas finanças atuais, incluindo receitas, despesas, dívidas e patrimônio líquido.

- Estabeleça metas financeiras específicas e realistas, como pagar dívidas, economizar uma quantia ou aumentar sua renda.

CAPÍTULO 4

COMO MATAR UMA IDEIA

Vou lhe ensinar o que é valor de uma ideia. Eu lhe pergunto: uma ideia pode ser boa ou ruim? O valor de uma ideia ruim tem o mesmo valor de uma ideia boa. Vale zero real. Por exemplo: eu, Pablo, não pagaria nem um real em uma bacia de ideias. Eu não invisto em ideias, invisto em MVPs, que correspondem ao mínimo viável do produto.

Em uma ideia pago zero real, mas em um MVP posso pagar até 5 milhões, dependendo da perspectiva. Recentemente, paguei 15 milhões por um MVP. O que isso significa? É um teste para matar uma ideia.

A grande sacada é que ideias vivas não valem nada, enquanto ideias mortas podem valer milhões. Por que precisamos matar nossas ideias? Porque no Brasil as pessoas têm ciúme de suas ideias, e isso cria um bloqueio de energia, impedindo que vá para frente. É preciso deixá-las morrer. Uma semente colocada no bolso não frutifica, ela seca, o mesmo acontece com a ideia, ela precisa ser colocada para fora, dando-lhe a capacidade de germinar e depois frutificar.

Eu não deixo as ideias secarem, invisto em ideias com MVP para poder obter os dados. E com isso valorizo os pequenos resultados. Em Deus eu confio, os demais precisam fornecer dados. A todo momento alguém aparece querendo me vender ideias, mas eu só compro resultados, testes.

Sementes são ideias, e carregam uma potência desconhecida. Por exemplo, uma manga tem um caroço que, quando plantado, dá origem a uma mangueira, mas o caroço precisa ser convencido disso, pois não acredita. Da mesma forma, assim como a borboleta não reconhece sua origem na lagarta, vocês não aceitam que são ricos.

O processo do primeiro milhão pode ser dividido em três fases: primeira fase instrução, segunda fase desbloqueio e terceira fase caminho, método, experiência e energia. Quando você chega à fase três significa que não há mais volta.

Como ter uma ideia? Uma ideia precisa de dois cérebros conectados, gerando um cruzamento de energia e depois é preciso matar a ideia com testes. O que pode transformar ideias em negócios? Podem-se criar produtos, serviços, acessos, e criando tudo isso se tem uma rentabilização, que é o ato de aplicar a energia e obter retorno. Fazer algo e fazer mais do que uma coisa.

Exemplo, se estou estudando, ganho conhecimento, mas o conhecimento não é rentabilizado, a menos que eu aprenda a vender esse conhecimento no meio digital. Através de cursos, mentorias, e-books ou qualquer que transmita esse conhecimento. Outros exemplos de rentabilização: pintor, lavador de fachadas. Tudo o que você sabe fazer é arte, seja o que for.

Minha intenção é fazer você prosperar. Se amar mais a escassez, não conseguirá prosperar. Agora, se amar a prosperidade, a sabedoria, a riqueza que é do alto, sabe o que acontece? Você explodirá.

Se você acredita em si mesmo, dará certo, se não acreditar, não dará certo. Faça isso por seus filhos, seu cônjuge, faça porque não aguenta mais a escassez, porque adora ajudar as pessoas, honrar seus pais, pelos sonhos que você tem no coração e quer realizar.

Não brinque com o seu chamado. Ninguém acredita em pessoas improdutivas. Chega de derrotas. É hora de começar a governar. Tenho certeza de que sua prosperidade afetará a vida de outras pessoas.

Talvez você não tenha entendido que, ao prosperar, você denuncia todos que convivem com você. Porque as pessoas não poderão mais inventar desculpas.

> Perdi muito tempo com pessoas que não acreditam em mim.

Como elas sabem que esta prosperidade as denuncia, fazem de tudo para você parar. É mais fácil frear do que aprender com vocês. O orgulho delas não permite que aprendam.

O que quero ensinar é: se a sua prosperidade denuncia a escassez do outro, é hora de seguir em frente. Hora de encontrar novos caminhos, com novas pessoas, novas ideias, praticar novas ações e obter novos resultados.

Os códigos do milhão destravam você de forma poderosa. Você está sendo ensinado que não existe terra ruim, tudo tem uma solução. A terra mais seca no sertão da Bahia tem gente prosperando. Eu já vi com os meus olhos. Eles pegam terra que não tem perspectiva nenhuma e fazem buracos tirando água do solo e colocando pivôs, e esses pivôs jogam água para cima.

Diga para si mesmo: Perdi muito tempo com pessoas que não acreditam em mim. Deus acredita em você, eu que não o conheço pessoalmente acredito em você, porque estamos na mesma frequência, seus filhos ainda acreditam em você, pessoas que irão encontrar no caminho acreditam em você, pessoas que vão ser destravadas por você, pessoas que vão ganhar emprego, porque você vai abrir o seu negócio, pessoas que vão ganhar uma função porque seus negócios vão crescer e, com a sua prosperidade, vai chegar nelas.

Você quer o Rica vírus? Ande com quem está disposto, principalmente com quem vem de onde você está no momento.

Venho de escola pública, minha mãe foi empregada doméstica por muitos anos, destravou, agora é empresária, começou a crescer na vida. Meu pai foi comerciante, mas passou a vida toda sendo funcionário público. Vim de uma realidade na qual não daria para ter chegado aonde me encontro hoje.

O que fiz foi agradecer a meu pai e a minha mãe por tudo que me ensinaram e me conectei a pessoas modelando até começar a prosperar e poder ajudá-los. O meu desafio para você é que cuide tão bem de sua vida que estimule pessoas a crescerem, e a sua vida vire referência.

O que se precisa é de energia, experiência e método. Você precisa ter alguém que pegue no seu pé, que lhe dê o passo a passo. Desta forma você explode. É necessário ter pessoas que lhe deem direção. E eu sou essa pessoa. O que você vai fazer é prosperar!

TAREFA:

- Você já criou um produto, uma imersão ou palestra e, na hora de fazer o MVP, desistiu de colocar em prática? O que o impediu de seguir com o projeto? Reflita sobre os motivos que o levaram a desistir e analise se essas razões foram realmente impeditivas, ou se poderiam ser superadas.
- Cite três códigos que você pegou após ler este capítulo. Explique por que esses códigos são relevantes para você e como pretende aplicá-los em sua vida ou carreira.

CAPÍTULO 5

7 AÇÕES PARA VOCÊ SE TORNAR 7X MAIS PRÓSPERO

Vocês querem prosperar tanto assim? Como fazer para crescer? A prosperidade é 100% natural, e a pobreza é resistência. É necessário fazer esforço para crescer? Não, o crescimento é natural.

A mãe faz algum esforço para a criança crescer dentro da barriga? Não, naturalmente ela cresce sozinha. A mãe só precisa se alimentar. Uma forma de resistir ao crescimento é não se alimentar deixando que certos nutrientes faltem.

No mundo dos negócios, o crescimento é natural. Pegue o que precisa ser feito e não resista. O modo de ser antinatural nos negócios é ter medo. Uma mentalidade totalmente artificial não cresce.

 Por que as pessoas não prosperam? Porque elas mesmas não querem. Contam histórias sem sentido e colocam dentro do coração que não são capazes. Por exemplo: lembro-me de que há quatro anos o Marcos me chamava para correr cinco quilômetros e me dava fobia e eu não corria. Um dia fiz uma aposta e falei para uma pessoa que já tinha corrido 1000 vezes que eu ganharia dele. Eu não ganhei, mas depois disso não parei mais de correr. Virou meu lifestyle.

 A primeira coisa para ser mais próspero é parar de dar desculpa. Quando você para de dar desculpas, a verdade aparece, e ela o impulsiona. A verdade liberta! A segunda coisa é ressignificar suas crenças. Não é possível ir de pobre a bilionário de uma crença para outra. Ela não se sustenta. É como construir um prédio de 100 andares e começar pelo 70. É preciso construir cada andar gradualmente, sem parar.

 As pessoas não mudam de crença porque é como se você dissesse a elas para derrubar sua casa, e elas não têm a capacidade de se mudar para outro lugar até a casa ser derrubada. Como não se derruba a casa, ela fica tão velha que acaba caindo por cima da pessoa, e ela não prospera. Para sair disso, saia de dentro da casa e passe a patrola em cima. Pegue um novo projeto e construa outra coisa com fundamento para crescer, usando o mesmo terreno, que é o seu cérebro.

A terceira coisa é a tecnologia e, quando não existia, o jogo era diferente. A maioria das pessoas ainda não entendeu até hoje o caminho do digital, e é o mais assustador de todos.

Para a prosperidade entrar um X à direita de qualquer número, é preciso tecnologia.

A quarta coisa é andar em tribos. Faça parte de grupos de pessoas que também querem prosperar. Ser milionário é 2,5 quilos de papel moeda, mas é preciso encontrar a impressora certa. E a impressora pode ser vocês. Se não está funcionando hoje para você, é porque precisa atualizar os drivers que não estão se comunicando ao computador, assim não há conversão.

A mentalidade do milhão é quando se vê um livro e abrem 50 caminhos de enriquecimento. E é possível desenvolver esta visão porque ela é treinável. Esta mente é um campo de energia que, ao olhar para uma garrafa de água, alguns ficam com sede, enquanto outros veem como achar uma fonte de água e viver disso. Cria-se uma marca, começa-se a engarrafar, distribuir e descobre-se que fez 1 bilhão, e tudo isso é a mentalidade do milhão.

A pessoa chama uma empresa, vê o pH da água, vê um pH de 6 ou 7, vê que vale a pena, verifica a presença de coliformes fecais na água, testa e vê que dá para engarrafar. Chega-se ao dono da fazenda, que é proprietário, e pergunta-se quantos por cento ele quer.

É impossível uma coisa dar errado quando se usa a fórmula certa. O grande lance não é mais o conteúdo, mas sim a experiência. Estar em ambientes onde a frequência irá mudar e moldar você. O que muda a cabeça é a decisão e a ação.

A quinta coisa é desfrutar. Trabalhe naquilo que gosta e nunca mais vai trabalhar. Se desfrutar o flow é 300% maior. Curtir é sentar-se numa mesa para comer a comida e não pensar nela. É desfrutar das pessoas que estão ali.

A sexta coisa é abandonar o perfeccionismo. Comece do jeito que der e depois vá adaptando. Se jogue!

A sétima coisa é ser generalista. Uma pessoa que entende um pouco de cada coisa para chamar os especialistas. Você precisa saber que nem todos os negócios são milionários. Viver endividado a vida inteira consome toda a sua energia para prosperar. Quando você tem mentalidade de se respeitar e sabe que tem que subir o nível, você não irá construir o 18º andar de um prédio faltando o 17º.

Para finalizar, vou dar o exemplo de um prédio de 30 andares que construí com alguns investidores. Custou 80 milhões de reais e é um prédio de luxo. Com três níveis de subsolo e 230 metros quadrados. Você diz que só tem 1 milhão e vai construir o mesmo projeto. Olha só, você está construindo onde só é possível construir os três últimos andares. Como você irá sustentar esse negócio? Cadê o fundamento disso? Esse 1 milhão não paga nem as casas que foram derrubadas.

Esse é o problema de querer ser rico sem fundamento. Você acaba sendo enganado e frustrado, e é isso que mais se vê na internet, pessoas ensinando o que não é verdade, não existe.

É a mesma coisa de uma maçã aparecer no ar. Ela brota em um galho, o galho está em um tronco, o tronco está conectado a uma raiz, a raiz está fincada na terra, e a terra descobre uma semente, a semente foi plantada pelo semeador, assim como achar esta maçã no ar. É preciso conhecer as coisas básicas. E não são necessários os 80 milhões para construir o prédio e sim a mentalidade de construtor, e eu posso provar isso.

Encontre primeiro as casas que têm o terreno e some os valores delas. Depois, cada proprietário pode escolher um apartamento ou vários com o valor equivalente ao valor do imóvel. Com a matrícula do imóvel disponível, pegue um capital em um banco, capital de terceiros, sócios para operar junto, ou faça um lançamento do negócio na planta.

Não é necessário o dinheiro, mas a instrução. A sabedoria de fazer o negócio. O que precisa é de um bom nome, boa história e networking. Agora vamos apenas ganhar a comissão. Pesquise primeiro a área, entregue nas mãos de uma construtora ou incorporadora, e eles resolverão o negócio, e você ganhará 2% do contrato de 80 milhões. Ficará milionário fazendo uma transação.

Eu criei uma tese de investimento para investir no Airbnb. Comprar apartamentos abaixo do preço de mercado e alugá-los, assim o dinheiro rende muito mais. Abri uma empresa, a Flat Participações, um CNPJ só para desenvolver essa tese.

E só para vocês entenderem, o que já comprei está me dando um retorno de 2,5% por meio de aluguel. O que é absur-

> Isso se chama riqueza infinita, que é criar o próprio mecanismo.

do, considerando que o aluguel geralmente é de 0,6 ou 0,7 %, e o melhor aluguel é considerado 0,8%, sendo impossível chegar a 1%. Aqui, o jogo está ganho. Dá para ver que essa minha tese funciona.

Agora, a segunda tese é pegar essas cartas de crédito e fazer com que elas recomprem o negócio. Eu ajo muito rápido e aprendi isso com uma pessoa em Las Vegas. Vou começar com poucos apartamentos até obter 2% linear em tudo, para ficar devendo o equivalente em consórcio. A renda do negócio mensal é superior à do consórcio, então o próprio bem se paga. Isso se chama riqueza infinita, que é criar o próprio mecanismo.

Um gerente de um banco veio até mim para me emprestar 50 milhões de reais, mas tenho o coração fechado para isso, mas vou te ensinar. Ele fez a proposta de me cobrar 0,4% e entrei em contato com outro banco e propus o mesmo valor de 50 milhões em 0,9%. Teria que pagar em 0,4% 200 mil por mês e em 0,9% 450 mil por mês. Com isso, trabalha-se com o dinheiro dos outros.

Você diz: mano, eu nunca vi isso na escola? E não vai ver. Tudo o que estou lhe mostrando são coisas de mentalidade de pessoas ricas que ficam só movimentando o dinheiro. O banco faz isso. Recolhe o dinheiro dos pobres, empresta de 3% a 5%, e para os ricos empresta a 0,6%. Porque o dinheiro dos pobres é para consumir, e dos ricos é para produzir mais riqueza. O rico dá conta de pagar, e o pobre é inadimplente.

Coloca-se nas mãos do rico que tem lastro, garantia, vincula matrícula de imóvel, e o banco descansa, e para os pobres cobra-se 3%. Vocês me perguntam, isso é justo? É.

O pobre não tem garantia. É preciso saber jogar. Se você não consegue empreender com 500 mil, o que vai fazer com um dinheiro desses? Quem não honra com pouco não vai ser colocado no muito. Não é preciso dinheiro, é preciso mudar a cabeça.

Vamos aprender uma coisa sobre riqueza. Dinheiro nunca sobra, dinheiro só sobra nas mãos de gastadores. Investidores sempre vão investir. Nunca sobra nas mãos de quem é administrador de recursos, só nas mãos dos tolos. Minha esposa chorou na primeira semana de casamento porque ela perguntou se sobraria dinheiro para fazermos algo. Eu disse que nunca iria sobrar dinheiro nesta casa. Ela achou que eu estava amaldiçoando, e até hoje não sobra dinheiro. Toda vez que o dinheiro entra nas minhas mãos, sou obrigado a multiplicá-lo. É um ritual sagrado.

Vocês precisam fazer um ritual sagrado. Não coloque as mãos em todo recurso que entra, não se emocionem com as entradas, só toquem nas multiplicações. Ganhar um milhão é fácil, mas muitas pessoas têm dificuldade de fazer o segundo milhão. É preciso crescer em sabedoria.

Existem mais formas de construir negócios sem dinheiro, por isso é preciso construir credibilidade e obter resultados. Não invista em sonhadores, em quem se comunica de forma bonita. Invista no coração, na verdade. Para ter crédito, é preciso ter lastro. Não sou contra os pequenos começos, mas os grandes começos sem resultados me assustam.

Pessoas que começam a falar demais, cuidado para não cair na conversa. Se a pessoa colocar o dinheiro na frente, dê um passo para trás. Se é uma pessoa sonhadora, dê dois passos. Todos os dias existem malandros, e sempre um bobo acaba caindo.

O dinheiro não muda ninguém, apenas potencializa o que a pessoa já é. Se ela é mesquinha, torna-se ainda mais. Se é uma pessoa simples, torna-se ainda mais simples. Para prosperar, é preciso parar de agir como um idiota.

TAREFA:

- Ler e estudar faz parte da rotina de quem busca atingir seu primeiro milhão ou permanecer no clube dos milionários. Quais os livros que você leu nos últimos três meses?
- A construção da riqueza é um processo contínuo, que requer dedicação, paciência e aprendizado constante. Siga estes para aumentar sua renda:

a) Compartilhe seu conhecimento financeiro com outras pessoas, seja através de palestras, mentorias ou escrevendo artigos sobre finanças pessoais.

b) Ensine seus filhos sobre educação financeira e os cinco passos do dinheiro, incentivando-os a desenvolver habilidades financeiras desde cedo.

c) Mantenha-se atualizado sobre as tendências do mercado imobiliário, oportunidades de negócios e outras possibilidades de investimento que possam contribuir para sua estratégia de patrimonialização.

d) Desenvolva um plano de longo prazo para construir e expandir seu patrimônio ao longo do tempo.

CAPÍTULO 6

COMO CRIAR UMA NOVA FONTE DE RENDA EM 24H

Para iniciar qualquer negócio, é essencial definir as datas importantes; caso contrário, a ideia não irá avançar. Muitas pessoas já perderam grandes oportunidades, como meu amigo que recusou investir na Uber e deixou de ganhar R$400 milhões. Quando você tiver uma ideia, é importante matá-la e colocar datas para executá-la.

Para ajudar a memorizar os passos, você pode usar sua própria mão. O polegar representa a primeira data, a abertura do negócio. Já o segundo dedo representa a segunda data, o ponto de equilíbrio, que é quando a empresa começa a se sustentar com seu próprio fluxo de caixa e cobrir seus custos.

Essa é a fase de maioridade da empresa, ainda sem falar em lucros.

É importante ressaltar que grandes expoentes, como Flávio Augusto, Kepler e outros, ensinam sobre ética e trazem clareza sobre as mentiras que falam dos negócios no Brasil. O livro "Os Códigos dos Milhões" é considerado por muitos como uma leitura obrigatória, independentemente de classe social. Testado em empresas multimilionárias e bilionárias, os códigos presentes no livro são aplicáveis a todos que querem prosperar.

Assim como as datas da empresa presentes na mão, é necessário interpretar a realidade e matar as ideias que não se mostram viáveis para abrir um negócio. Com um planejamento adequado e a execução correta das datas, é possível chegar ao ponto de equilíbrio e, posteriormente, alcançar a lucratividade na empresa.

É apenas uma semente jogada no chão, uma baba no chão, no asfalto é apenas lixo que será varrido. Para mim, uma ideia que está apenas na minha cabeça é apenas um devaneio. Semente e semi-ideia são a mesma coisa. Eu preciso encontrar o útero. Quando isso acontecer, a germinação ocorrerá tanto no útero como na Terra e na cabeça – os três lugares onde você pode prosperar: na terra, que é dentro do serviço, no cérebro e no útero. Onde você plantou a semente, que vem do latim "semen", é onde ela vai prosperar.

A primeira data não é a data de abertura do negócio na junta comercial do estado, mas sim a data em que a ideia morreu. Não há como matar uma ideia testando-a. Quando você tiver um MVP, a ideia já era.

Você terá disponível o dinheiro para faturar. Depende da sua disposição, do mecanismo de venda e da arte de vender.

Entre STS, SCP e todos os tipos de configuração sustentável, meu conglomerado empresarial já deve ter aberto mais de 80 CNPJs. Eu não sei como abrir uma empresa. O que você acha disso? Alguma pergunta? Eu já fui responsável pela abertura de mais de 80 empresas. Para quem não sabe, SCP significa sociedade por tempo específico, sociedade limitada e todo tipo de empresa já aberta.

O propósito específico que aconteceu é que eu nunca vi o contador fazer isso. Você não precisa saber de tudo. O empreendedor não precisa saber tudo. Quem abre a empresa não é um empreendedor, é o contador. Se você não entende, não se preocupe.

Acabou a conversa. Por que você tem medo de abrir uma empresa? Se você não abrir, o contador não vai abrir. Depois, você precisa estudar a gestão. Se você não sabe contratar, contrate alguém que saiba. Se você não sabe vender, contrate alguém que saiba.

QUAL É A ARTE DO EMPREENDEDOR?

No fundo, ele não precisa saber fazer nada. Ele é um articulador que encontra pessoas que sabem fazer as coisas em seu lugar. Se você treinar as bases, você será bom em recrutar pessoas. Isso muda tudo.

Vamos lá, a primeira data é a data da ideia. Quando a ideia morre, o negócio começa. O negócio não é formalizado nesse momento. Ponto de equilíbrio é quando a empresa para de pegar dinheiro do dono.

Cada um deve cuidar de sua própria vida e fazer o negócio funcionar. Posso estar em Esteio, dando mentoria para cada um dos sócios, mas não caio nessa armadilha e não preciso mais do dinheiro do dono. O ponto de equilíbrio é quando o negócio não tira dinheiro do seu bolso. É um dia de felicidade.

CINCO PASSOS IMPORTANTES PARA QUEM QUER ABRIR E GERIR UM NEGÓCIO DE SUCESSO:

O primeiro passo é matar a ideia e começar a executar.

O segundo passo é alcançar o ponto de equilíbrio financeiro, que acontece quando a empresa consegue se sustentar sozinha.

O terceiro passo é o Payback, quando o dinheiro investido no negócio retorna para o bolso do dono.

O quarto passo é contratar um CEO, que é a autoridade máxima na empresa e pode cuidar da gestão do negócio.

O quinto e último passo é a venda do negócio, que deve ser feita quando for o momento certo, e não por pura paixão pelo empreendimento.

A dica final é se apaixonar por servir às pessoas e não pelo negócio em si.

Sobre o CEO, ele é o chefe executivo da empresa e tem a responsabilidade de conduzir a visão e a cultura da organização, além de liderar e treinar a equipe. Ele é fundamental para garantir que a empresa esteja alinhada com seus objetivos e metas.

Para encerrar uma empresa, existem quatro formas: venda, encerramento natural do ciclo, falência ou entrega das obrigações tributárias. É importante ter em mente que a venda ou encerramento devem ser realizados no momento certo e de forma estratégica, visando ao sucesso da empresa e de seus colaboradores.

Qual é o legado? Ele nunca vai falar. Ele acha que é ele, a empresa. Conheço vários que se suicidaram porque a empresa quebrou.

Conheço um bilionário no estado de Goiás, na verdade, conhecia, ele se suicidou. Ele vendeu um grupo dele, 1 bilhão de reais no bolso, colocou um roupão mais caro do que uma Mercedes nova, subiu no andar do prédio mais caro de Goiânia com 1 bilhão no bolso, o grupo alemão comprou o emprego dele. Conheço gente que pula porque acabou o dinheiro e conheço gente que pulou com um bilhão no bolso. Nos dois casos, os envolvidos não interpretaram o sentimento de forma correta.

> Não deixe o seu cérebro governar você por qualquer coisa que seja, mas o configure para causar, para propósito.

Sua cabeça tem sentimentos, portanto, seja resistente às críticas e não se importe com os elogios. Se você gostar de qualquer um dos dois, já está em apuros. Preste atenção no que está acontecendo aqui. A expulsão de hoje está acontecendo. Não deixe o seu cérebro governar você por qualquer coisa que seja, mas o configure para causar, para propósito.

Eu vou ensinar agora um código simples que não aumentará sua renda, apenas a organizará. São sete passos.

O primeiro passo é chamar a atenção. A atenção é a coisa mais poderosa que já vi na vida. Quase ninguém sabe chamar atenção, e, quando consegue, faz de forma errada. Quando faz de forma certa, não consegue converter. Chame atenção, retenha a atenção, interaja e converta. Depois, encante.

Se você falar uma mensagem encantadora, venderá com facilidade. Chame a atenção. Vocês já viram os anúncios na internet com imagens que têm o nome da cidade onde você está? Eles são muito chamativos.

Para aprender a chamar atenção, basta ficar três segundos lendo o anúncio. Depois que aprendi isso, parei de ouvir rádio, assistir à TV, olhar outdoor e ler revistas. Isso porque é uma guerra de bilhões de reais em propaganda para pegar sua atenção e retenção. Se chegar na interação, você já está dentro. Agora, é só converter essa energia e fazer a venda.

Se encantar, o LTV (tempo que a pessoa passará com você) será uma cauda longa. Se decepcionar, será uma cauda curta.

Aprenda a vender. Siga esta sequência: chame atenção, interaja, converta e encante. Coloque toda a energia, porque essa pode ser a oportunidade de transformar a sua vida e a de muitas pessoas.

> Coloque toda a energia, porque essa pode ser a oportunidade de transformar a sua vida e a de muitas pessoas.

TAREFA:

- Esteja aberto a oportunidades adicionais de renda, como trabalhos freelancers, empreendedorismo ou investimentos que possam impulsionar sua trajetória financeira.
- Explore diferentes formas de investimento, como ações, fundos imobiliários, criptomoedas, imóveis, entre outros. Estude cada opção, analise os riscos e retornos potenciais, e tome decisões de investimento informadas.

CAPÍTULO 7

A CHAVE PARA ACESSAR O MILHÃO EM 2023

A CHAVE PARA ACESSAR O MILHÃO EM 2023

Qual é a chave que você precisa para alcançar o seu primeiro milhão? Para alguns, a chave está na teoria, mas falta ativar o propósito. Para outros, a chave está em ativar a identidade, clarificar múltiplos propósitos e networking.

As três principais chaves são: Sabedoria, Prosperidade e Riqueza.

A Sabedoria é onde tudo começa, ela é a semente.

A Prosperidade é sinal que a sabedoria foi ativada, ela é o crescimento.

A Riqueza é o fim de um ciclo de prosperidade, ela é o fruto.

> Qual o tamanho da energia que você tem para trocar por aquilo que você quer?

O driver mental do dinheiro é a energia de troca. É preciso haver uma equivalência para que as pessoas estejam dispostas a trocar com você. Por exemplo, se um marceneiro cobra R$1 milhão para instalar armários de luxo em uma casa, ele precisa entregar um serviço extraordinário que seja equivalente ao valor cobrado. Nesse caso, ele trocou seu serviço excepcional pela energia de troca equivalente, que foi o dinheiro.

Se você quer R$1 milhão, o que você tem de energia de troca? Você precisa construir. É necessário subir a energia, para poder trocar a energia. Você tem um barquinho que cabe cinco pessoas, e você fala que quer 32 pessoas dentro do barco. Não cabe. Precisa aumentar o barco. Essa é a energia de troca.

Muitas pessoas desejam alcançar R$1 milhão por orgulho e vaidade. Recebem uma maleta com R$1 milhão e querem ajudar a mãe, pagar as dívidas do pai, mas o dinheiro acaba. É importante entender que as dívidas não são simplesmente pagas, mas sim negociadas. Além disso, é preciso compreender que ter R$1 milhão pode gerar uma renda de R$10 mil por mês se for aplicado de forma conservadora. No entanto, se souber investir e utilizar essa quantia de forma eficiente, é possível transformá-la em R$2 milhões em três meses. Tudo depende da energia que você coloca em cima desse R$1 milhão. As pessoas querem bater R$1 milhão, por orgulho e vaidade. Recebe uma maleta de R$1 milhão, e quer ajudar a mãe, quer ajudar o pai a pagar dívidas e acabou o dinheiro. Primeiro que a dívida não é paga, é negociada. Segundo, entender que R$1 milhão dá R$10 mil de renda por mês sendo aplicado. Isso em energia conservadora. Agora, se for bom em aplicar e vender R$1 milhão, pode virar R$2 milhões em três meses. Depende da energia que você coloca em cima desse R$1 milhão. Ter 1 milhão significa ter uma renda de R$10 mil por mês.

Todos que estão conectados com o ambiente de prosperidade ganham. Seja através de leilões, mercado imobiliário, investimentos financeiros, lançamentos, entre outros. Pegue todos os códigos, siga o passo a passo e transborde.

Você não sabe o valor que carrega. As pessoas que querem crescer na vida não ficam mentalizando que querem chegar a tal lugar. Elas colocam na cabeça: "Já sei que cheguei lá". Vou gerar energia para isso, me conectar, modelar e quebrar a cara. Qual o tamanho da energia que você tem para trocar por aquilo que você quer?

TAREFA:

- Converse com pessoas experientes em finanças, como consultores financeiros ou pessoas que já alcançaram sucesso financeiro, e faça perguntas para expandir sua compreensão.
- Escreva três perguntas sobre finanças que você gostaria de fazer a um milionário ou bilionário.

PARTE 3

CAPÍTULO 1

DESBLOQUEIO DA MENTE MILIONÁRIA

Primeiramente, você sabe me explicar por que, ao ouvir o nome milhão ou mente milionária, lhe bate uma vergonha? Isso acontece porque o nosso ambiente é hostil em relação à riqueza e nossa mentalidade também é hostil em relação a ela. A riqueza tem propósito.

A comunicação de riqueza é para o cumprimento de um propósito. É absolutamente normal um ser humano acessar, ativar, transbordar e viver ricamente. Tudo o que nós temos comunica uma única coisa, estabelecer, potencializar e expandir o Reino. Muitos são atraídos só por causa do milhão; mas tenho a plena convicção de que todos aqueles que acessarem ambien-

> Escassez de recurso é disponibilidade para novas ações.

tes, modelarem, usarem direto o que estudarem, praticarem e fizerem absolutamente todas essas coisas, é impossível você não ter esse um milhão. Entenda que um milhão de reais é equivalente a um relógio, um carro barato, são dois quilos e meio em notas de 100 colocados na balança. Por que o conceito de milhão é tão assustador? Fazer dinheiro é fácil, multiplicar é difícil.

A ambição faz você trocar pessoas por coisas. O ambicioso fala que irá construir uma casa, e, para isso, terá que deixar os filhos por um longo tempo, e, quando consegue comprar aquela casa, os seus filhos se mudam para outra cidade. A ambição não vai fazer você cumprir o propósito. Você precisa ativar uma visão dentro de você. A ganância é quando você troca tudo por dinheiro.

A mentalidade de riqueza começa com um código: escassez de recurso é disponibilidade para novas ações. Quando você não tem os recursos, a sua mente cria soluções para resolver o que precisa.

O grande segredo de quem tem a mentalidade rica é o de alguém que não importa se tem pouco recurso, porque ele é o próprio recurso, e administra todas as coisas. Às vezes lhe falta algo e você fala que não consegue, essa palavra não existe numa mentalidade rica. Você precisa testar as possibilidades e abandonar as tentativas. Quem tenta não consegue. Troque tentati-

> Você nasceu para ir mais longe e romper as barreiras dos seus pais.

va por teste, pois tentar é o ensaio da ação. Testar é sair em campo, descobrir o que está acontecendo, coletar dados, ajustar e progredir. Não fale mais que irá tentar e sim testar, pois as palavras conhecem os resultados.

Tome cuidado com os "Ps" de Programadores, que são: Pai, Padre, Pastor, Padrasto, Professor, Político, Parente, Padrinho, Patrão, Puxa-saco. Na sua vida eles têm uma mentalidade de riqueza, prosperidade e sabedoria? Eles têm um resultado que você quer ter na vida? Geralmente, a maioria das pessoas respondem que "não". Se você quer carne, vai no açougue; pão, na padaria; remédio, na farmácia, e se quer riqueza, ande com rico.

De alguma forma, você depende emocionalmente desses 10 Ps, no mínimo. Você nasceu para ir mais longe e romper as barreiras dos seus pais. Eles não fizeram por maldade, mas foram as crenças limitantes que foram colocadas na cabeça deles e passadas para você. Filho que não prospera dá treta na cabeça do pai. Prospere para abençoar seus pais.

Tenha autogoverno para você prosperar. Uma das decisões mais importantes que me fizeram chegar até onde estou hoje foi largar a carreira de executivo no grupo Oi Brasil Telecom. Você precisa largar o bom para viver o extraordinário. O bom é o ingresso para o extraordinário, invista no bom.

> Você cria as suas oportunidades.

Os seus sonhos são do tamanho da sua cabeça e não do tamanho do seu coração. Em provérbios 4:23, diz: "sobre tudo o que se deve guardar, guarda o teu coração, porque dele procedem as fontes da vida". Os seus sonhos são do tamanho da sua crença e não da sua potência.

Meu primeiro sonho era ter um Ômega da Chevrolet. Meu segundo sonho era ser delegado da Polícia Federal. O terceiro era ser o melhor advogado do Brasil. Você deve pensar que sou meio confuso, mas sim, sonhos são do tamanho da sua crença, das pessoas que falam com você e dos ambientes que você frequenta. Se eu fosse delegado estaria prendendo as pessoas, e eu estou soltando as pessoas dessa vida de miséria. Ressignifique tudo o que não conseguiu realizar de sonho. Os sonhos vão aumentando de acordo com os ambientes, as pessoas e as crenças.

A vida é feita de decisões. Evite tomar decisões sobre propósito com o cérebro, porque senão sempre continuará escravo de salário, de empresa, de cidade, amizades e outras coisas. O seu cérebro pensa com a sua condição. O seu coração sente coisas que os olhos não precisam ver.

Decisão vem da palavra "cídio", que significa matar. Geno é igual a povo, genocídio é matar um povo. Suicídio é matar-se. Homicídio é matar alguém. Essas várias versões da palavra "cídio" têm um código raiz, que é matar opções. O que impede a pessoa de prosperar é acreditar que está limitada a apenas uma opção. Você cria suas próprias oportunidades. Atitudes geram oportunidades. Ao tomar decisões e se conectar com pessoas ao longo do caminho, você cria oportunidades.

> Deus só conta o segundo passo da visão quando você cumpre o primeiro passo.

Você precisa tomar decisões difíceis. As decisões difíceis são aquelas que você não entende e não enxerga, só entende depois da curva. Decisões difíceis irão fazer você se conhecer e conhecer as pessoas. Na visão, você não precisa saber como fazer, precisa obedecer. A visão é progressiva, como o farol de um carro. Ajuste a sua visão para uma visão progressiva. Se você tem a visão, alguém vai te dar a provisão. Sonhos são humanos, visões são eternas.

Você precisa da riqueza para cumprir a visão. A base da riqueza é a liberdade. Você precisa ativar a liberdade plena dentro de você. O dinheiro é uma ciência, você precisa pegar a mentalidade. Dinheiro não muda nada, a sua mentalidade muda tudo. Não morra pelos seus sonhos, prospere para que você possa realizar os sonhos das pessoas que você ama. Os seus sonhos dependem das suas crenças. O José do Egito não tinha o sonho de ser governador do Egito, ele tinha uma visão.

Algumas vezes, para prosperar, você terá de se mover geograficamente, porque no lugar que você está não irá romper. Em Gênesis 12, Deus fala para Abrão: "Sai da tua terra, da tua

> Deus só conta o segundo passo da visão quando você cumpre o primeiro passo.

parentela e da casa de teu pai, para a terra que eu te mostrarei". Ele não falou sai da sua terra e vai para Alphaville, Ele não falou para onde Abrão deveria ir. Deus só conta o segundo passo da visão quando você cumpre o primeiro passo. Pode ser que a sua decisão difícil seja deixar o diploma da faculdade de lado, mudar o ambiente, largar o trabalho ou abandonar certas amizades. Existem pessoas em cada estação. Se você mudar a estação e a pessoa não avançar, não dá para ficar parado esperando. Existem pessoas de 1, 2, 3, 4 estações, mas não insista em ficar nas quatro estações com pessoas que são apenas de uma estação. A vida é feita de decisões e fases. Não tenha pessoas que ficam manipulando as suas decisões. Não fique com medo de quebrar a cara, porque você vai quebrar.

Se você for empreender, esteja ciente de que vai acabar o dinheiro, só que você tem que buscar a solução. Quando acabar o dinheiro, se conecte com quem queira investir em um negócio, muitos querem. Se não achou gente, precisa ir ao banco. Lembre-se de que se você acreditar que, mesmo investindo dinheiro, o negócio não terá sucesso, pode ser um reflexo de uma mentalidade limitante.

Mesmo dando errado, não interessa. A sua vida não foi definida pelo o que as pessoas fizeram com você. Não são as suas condições, mas sim as suas decisões que definem o seu destino. Decisões, ações e repetições lhe farão crescer.

Muitas vezes, você não toma decisão porque tem medo, fica esperando a aprovação dos outros, ou porque acha que, se errar, irá desonrar os seus pais. Pegue o que você precisa fazer hoje e faça hoje! Deixe as coisas lá de trás ficarem para trás, e mude a sua realidade. Algumas coisas que você ainda não sabe o porquê fez têm a ver com o que você tinha que estar fazendo agora.

Decisões importantes que você deve tomar:

1ª Mate os seus sonhos e encontre a visão. Ninguém poderá impedi-lo. Deus está contigo e você está com Ele, e irá achar essa visão no seu coração;

2ª Ande com pessoas que pensam e que são diferentes de você. Você sempre estará rodeado de pessoas e precisa entender como elas funcionam. Entenda quem você é e irá saber como elas funcionam;

3ª Acesse lugares que você acredita não merecer;

4ª Desapegue de qualquer coisa. O desapego é uma das coisas que mais fazem uma pessoa ter inteligência emocional na vida. Uma pessoa apegada desconecta os pontos e se agarra em um só. Deixe o rio fluir;

5ª Faça uma coisa nova. Tenha novidade de vida. A dopamina vai lhe dar uma energia nova;

6ª Tenha um mentor que vá a sua frente. Você é rico, só está faltando treinamento;

7ª Tenha referências. Modele pessoas que alcançaram os resultados que você almeja;

8ª Aprenda a usar as ferramentas que você tem;

9ª Se jogue naquilo que você acredita e

10ª Faça parte de uma comunidade em que as pessoas ajudem umas às outras.

Tome as 10 decisões mais importantes que você precisa tomar na sua vida o mais rápido que puder.

A pessoa que é altamente escassa possui múltiplos propósitos, e o ponto do passado que parecia humilhação se ligou com o ponto no futuro. Todo ponto do passado tem um ponto no futuro que precisa ser ligado. O passado e o futuro não são lugares para você prosperar, mas eles carregam os seus códigos.

> Não há nada que vai ser desperdiçado daquilo que você fez, se foi bom ou ruim, não existe desperdício para quem é gestor e criador de todas as coisas.

O passado você ressignifica, e o futuro precisa baixar o download. Não há nada que vai ser desperdiçado daquilo que você fez, se foi bom ou ruim, não existe desperdício para quem é gestor e criador de todas as coisas. Você não fez nada por acaso, entenda que todas as coisas que fez tem a ver com aquilo que vai fazer. Aquele que te chamou é o maior administrador de recursos que existe. Não é o dinheiro que define o seu futuro, a riqueza é armamento para ligar todos os pontos do seu passado, com seus pontos do futuro e permitir que você governe no presente. Se você tem resultado expressivo no presente, o seu passado pode ser o que for, você terá orgulho dele. Quando você se conecta com o agora, gasta 70% de energia com ele. Apenas 10% de energia com o passado e 20% com o futuro. Você não precisa saber o que vai acontecer, só precisa governar no agora.

OS PRINCIPAIS BLOQUEIOS QUE VOCÊ PRECISA DESBLOQUEAR

– Capacidade;

– Merecimento;

– Inferioridade;

– Escassez;

– Necessidade de aprovação.

Não é possível remendar as suas crenças, mas é possível derrubá-las. Se uma crença não for substituída, em seguida a antiga volta e rende 10 vezes mais. Não interessa o que fizeram com você, o que interessa é o que faz com isso. Quando você tomar essas 10 decisões difíceis, depois de descobrir que os pontos do passado conectam com os pontos do futuro, senão você não governa no agora; você tem energia suficiente para olhar e falar: o que eu vou fazer agora? Qual passo darei? Com quem farei isso?

Fale assim: "Nós, o povo brasileiro, infelizmente somos medrosos, temos uma mentalidade escrava e não amamos a liberdade, mas eu já mudei e vou ajudar a mudar o meu povo".

TAREFA:

- Identifique pessoas que compartilham interesses semelhantes aos seus e que buscam o mesmo tipo de conhecimento e crescimento.
- Liste pessoas que você gostaria de conectar-se por meio de comunidades *on-line*, grupos de estudo, fóruns ou eventos presenciais relacionados aos seus interesses. Busque aqueles que possuem a mesma linguagem e unidade que você busca.
- Liste o maior bloqueio que o impediu até hoje de ter uma mente milionária.

CAPÍTULO 2

A ARTE DE VENDER E FAZER MILHÕES

COMO VENDER PRODUTOS DIGITAIS E FAZER MUITO DINHEIRO?

Iniciaremos um treinamento de tráfego pago, mostrando a mentalidade de um gestor de tráfego, a parte teórica e os seus fundamentos. Mesmo que já tenha uma empresa, um negócio e até seja milionário e não esteja em busca do primeiro milhão, você vai aprender uma coisa que muitas pessoas não fazem e quem faz a faz mal feito. Se aprender isso, de fato, irá ajudar no seu negócio, seja você dono ou alguém da equipe.

Falaremos sobre divulgação, marketing de influência e vendas como um todo, ajudando-o a vender de modo orgânico ou pago, se tem uma loja física, venderá muito mais. É um mindset que você deve desenvolver. Poderá fazer suas vendas como afiliado de um influenciador ou você mesmo pode ser um.

É possível que o modo como você faz a publicidade dos seus produtos esteja dificultando a venda deles. Uma péssima forma de vender é ficar oferecendo seu produto e mostrando o quanto ele custa. Isto não desperta o desejo de ninguém. Para despertar o desejo das pessoas, você precisa contar uma história, pois é isso que vende.

Vou criar uma analogia aqui para que você entenda o que estou ensinando. Imagine que eu seja dono de uma loja que vende óleos essenciais e quero colocar influenciadores para vender esses óleos. Qual a pior forma de fazer essa publicidade? Isso está totalmente ligado a qualquer produto que você venda.

A primeira forma de vender óleos essenciais, a maneira tradicional, é péssima. Um influenciador recebe um kit de produtos e faz um CTA (chamada para ação) com um cupom de desconto. Essa não é uma forma inteligente de vender. Se você é um empresário, tem um produto e quer que os influenciadores vendam, precisa fazer da maneira digital, contando histórias.

Do primeiro modo, me contrata para comercializar um óleo essencial que você já vende, por exemplo. Então, posso dizer o seguinte: "Olha, ganhei esse kit de óleos essenciais, é um produto muito cheiroso, muito bom. Rolou um cupom de desconto para quem quiser, MP2020 e você ganha 20% de desconto, clica aqui agora". Nos meus stories, passam todos os dias de 2 a 25 mil pessoas. Se eu fizer isso, vai acabar vendendo algum produto, mas não atinge as pessoas de maneira inteligente.

A forma mais inteligente para vender é dizer: "Gente, eu estou com uma dor de cabeça, está muito forte, nunca aconteceu comigo, vou tomar um remédio aqui". Passam duas horas e a dor diminuiu um pouco, mas continua doendo. Aí faço a pergunta: "O que vocês fazem quando a dor de cabeça não passa, mesmo depois de tomar remédio?". As pessoas indicam alguma coisa, eu faço, mas passam os dias e a dor não passa.

Então, vou ao médico, faço um vídeo ou uma foto mostrando que estou indo ao médico. Passo pela consulta, o médico faz várias perguntas e descobre que estou tomando pouca água, que deveria me hidratar mais. Faço um story dizendo qual foi a resposta do médico e mostro que já tomei um litro de água. Aproveito para chamar as pessoas para esse hábito também e digo que provavelmente estejam sofrendo com dor de cabeça por beberem pouca água.

Neste sentido, você coloca sua audiência para interagir com você, tomar água e marcar o seu Instagram. Ainda assim, mesmo tomando água, treinando, dormindo 8 horas por dia, a dor de cabeça ainda não passou. Eu conto isso nos meus stories e peço mais uma ajuda, uma indicação para a minha audiência.

Depois de tudo isso, dessa jornada de esforço, hidratação, fui ao médico. Segui suas orientações, fiz várias tentativas, e nada disso solucionou o meu problema. Então, mostro um produto que alguém tenha me indicado ou que tenha pesquisado na internet, um óleo essencial que tira a dor.

Começo a fazer o uso do óleo. Pela manhã passo um pouco nas mãos e cheiro, à tarde a mesma coisa. No outro dia, digo que a minha cabeça está doendo bem menos, depois de alguns dias, percebo que não doeu mais.

Uma coisa é você receber um kit e logo em seguida fazer uma publicidade dizendo "compre aqui agora", não vai vender bem. Outra coisa é contar uma história de 7 dias, 14 ou 30 dias uma vez que, nessa história, você coloca o produto dentro do seu lifestyle (estilo de vida).

Pode fazer uma publicidade ou mostrar algo dentro da sua rotina que faça a diferença. Construa essa linha de pensamento e vai mostrando para sua audiência. As pessoas veem essa vivência e chegam à conclusão que, se melhorou a sua vida, pode melhorar a delas também.

Quando você vive o produto dentro do seu storytelling, e aqui tem um ponto muito importante, tem que ser verdadeiro. Não minta nunca, muito menos na internet, não dá para se sustentar no topo com mentiras. Se não tem história para contar, crie uma, isso se chama storydoing. Crie as suas próprias histórias.

O óleo essencial deve ser incluído na sua rotina, mostrando a transformação que ele traz para a sua vida. A maneira tradicional, usando influenciadores, ou você mesmo vendendo infoprodutos dos quais é afiliado, e apenas mostrar o produto e chamar para a compra; isso funciona, mas de uma maneira muito menor.

Você precisa fazer marketing de maneira inteligente. Se tem uma clínica de depilação a laser, por exemplo, chame uma blogueira, umas cinco vezes, para fazer sessões com você. O antes e o depois, apontando que ali foi o lugar onde ela sentiu menos dor. Depois de um tempo fazendo esse procedimento e mostrando que a depilação está funcionando, ela solta um link de indicação. Inclua o produto na rotina do influenciador.

Coloque o produto na sua rotina também, para ter êxito na hora de vender e aumentar a conversão. Entendeu a diferença entre o jeito tradicional e o jeito inteligente? Poderá fazer isso com produto físico ou digital, serviço ou qualquer outra coisa. Serve para um centro de depilação, um estúdio de maquiagem, supermercado ou qualquer área que você queira aplicar esse conceito.

REMISSÃO DO TEMPO

Você está prosperando em todos os seus caminhos? Às vezes, tudo o que ainda não começou pode parecer difícil. Quem não sabe fazer o que o outro faz vai falar que é difícil. Este é o termo que usamos como desculpa por não ter começado a fazer. Até os meus 18 anos de idade, não era bom em nada. Não existe nenhum registro com algum feito meu. Você pira com isso? Não mesmo! No entanto, na segunda metade da minha vida, sou o primeiro quartil em tudo o que coloco a mão.

A virada de chave, a partir dos 18 anos, é que eu não tinha nenhum dom. Acordava mais cedo e dormia mais tarde, era o meu esforço superando o talento. De repente eu falei: "Vou ser mais resistente, vou acreditar nisso". Eu tinha raiva de rico, fiquei rico. Pensava que não tinha capacidade para escrever um livro e, até este momento, tenho 32 na capanga. Além disso, quando eu começava a falar, ficava nervoso e gaguejava, então pensei: "tem alguma coisa errada".

Lembro-me de ter dito que seria o número 1 em marketing digital, e o Marcos Paulo, que já era entendido disso, riu, igual a Sara riu quando Deus disse que daria um filho a ela e a Abraão. Depois de 12 meses, eu bati o que falei.

O problema é que, até os meus primeiros 18 anos, não fui o primeiro em nada. Queria ser jogador de futebol e nem selecionado eu fui. Ninguém queria me chamar. Já joguei na base amadora de basquete, também não fui para frente, não conseguia ser o primeiro em nada. Estou falando para você que não acredita, pois 8% das pessoas declararam que não acreditam que vão bater o primeiro milhão, é o único grupo que tem certeza do resultado.

O que eu quero que você entenda é que vivemos em uma comunidade. O que fez com que eu e todos os meus sócios mudássemos de vida foi essa comunidade. Nosso clube é muito forte. Muitas pessoas que eram sedentárias agora fazem exercícios, o poder do clube, do nosso ambiente é muito forte.

Guardava um estoque com milhares de livros na academia e pedi para tirá-los de lá, pois queria arrancar o estoque de gordura das pessoas. Nesse ambiente aparece a todo momento pessoas querendo fazer uma reunião comigo, digo: "Aqui dentro, ou você está se movimentando ou, casca fora", depois que falo isso, todo mundo vai embora. Faço isso, porque é um ambiente de pressão, de queima de gordura e não de reunião.

Quero que você se comprometa com esta sinergia. Somos um grande batalhão espalhado sobre a terra e nos tornamos gigantes pelo que vamos fazer juntos, mas você precisa da instrução. Pode ficar com a cabeça doendo, porque parece impossível, mas nada é impossível para aquele que crê. Então repita: só saio depois de destravar o primeiro milhão.

Não bati meu primeiro milhão deixando dinheiro em conta corrente, e sim, acumulando patrimônio. Persegui esse objetivo desde os 12 anos de idade. Na minha cabeça, eu chegaria a esse resultado com 60 anos de idade. Fui crescendo, vendo os resultados e com 18 anos eu baixei essa meta para os 47 anos, depois não baixei mais e acabei batendo esse milhão com 27 anos.

Até os 11 anos, eu nem acreditava nisso, mas, depois de ler um livro, eu adquiri instrução e comecei a pensar nessa possibilidade. Posso dizer que o livro mudou o rumo do Marçal. Tenho prazer em saber que você vai dizer que um livro meu ou um dos meus sócios mudou a sua vida.

Com 12 anos, eu pensava que chegaria ao primeiro milhão aos 60 anos, ou seja, levaria 48 anos para fazer isso. Fui ganhando experiência e prosperando. Com 18 fiz uma nova projeção. Posso dizer para você que tudo foi por causa de conteúdo, com 12 anos, li Pai rico, Pai pobre, aos 18 anos, li uma reportagem da revista Veja que falava sobre ficar rico, e, aos 27 anos, eu bati o primeiro milhão.

    O que faz uma pessoa ter uma guinada dessa? Essa guinada acontece quando você se torna exponencial, quando tem um cérebro que não duvida de nada. Isto chama-se remissão do tempo. Remir o tempo é dar mais valor ao que você carrega, priorizar as coisas que fazem sentido. É fazer parecer que um dia virou um ano de resultados ou um ano de resultados pode ser construído em uma semana. A remissão de tempo é como um perdão, uma diminuição de pena. O que um prisioneiro faz na vida é querer a remissão do tempo de sentença.

    Do jeito que você vem sendo até hoje, a sua sentença é ser pobre pelo resto da vida, mas você diminui essa sentença. O castigo era de 400 chicotadas com osso de boi, e você consegue diminuir isso para um dia. Repita: eu topo diminuir o castigo.

    No meu gráfico de remissão do tempo, bati meu primeiro milhão aos 27 anos. Com meus outros sócios, foi diferente, eles levaram menos tempo que eu, porque construíram a partir de uma plataforma que eu levei mais tempo para construir. Possuímos um resultado gigantesco graças aos drivers mentais de milionário. Sabe por que você ainda não é um milionário? Porque não tem esses drivers mentais. Precisa aprender.

    Deixe-me falar uma coisa, desde pequeno sua mãe dizia que não era para você falar com pessoas estranhas. Até hoje tem essa crença enraizada em você e por isso não faz networking com ninguém. Sua mãe e seu pai, com muito carinho, também disseram que você não deveria atravessar a rua sozinho, essa crença você conseguiu abandonar e ainda bem, porque senão seria um idiota.

A crença de que o dinheiro é sujo também está arraigada em sua vida, e é por isso que até hoje você não encosta em dinheiro. Algumas crenças, como atravessar a rua sozinho, você logo percebe que depois que cresce não precisa mantê-la, e assim não se tornar um idiota. Mas existem algumas crenças que são inconscientes, que você descobre que estão freando a sua vida, apenas depois de horas de conversa em profundidade ou no Método IP.

O medo do desconhecido é comum, especialmente quando se trata de prosperidade, pois isso pode parecer distante e desconhecido para você, afetando seu cérebro e gerando medo. Essa sensação de medo pode levá-lo a culpar alguém ou dizer que não confia em ninguém. Seu cérebro cria um senso de conforto nessa atitude, o que pode levá-lo a fechar este livro e evitar enfrentar essas questões.

PESSOAS DESTRAVAM PESSOAS

Eu tinha um driver de contar vantagem, e o que eu estava contando no momento não era sobre morar na melhor casa, era sobre pagar o menor aluguel. Um dia, sentado com o Kaisser e com o Fonseca, no quintal de casa, estava me gabando de pagar aquele valor de aluguel, e eles me disseram assim: "Essa casa não corresponde ao tamanho da riqueza do Pablo Marçal". Em uma semana, eu estava comprando uma mansão. Sabe por quê? Porque precisamos de pessoas. Eu não me desbloqueio sozinho, não acordo pela manhã e saio colocando armadura e roupa do homem de ferro, não é assim que acontece.

Destravar sozinho é muito difícil, é por isso que você precisa fazer parte de um clube que vai te destravar. Se você não tem um amigo milionário, pelo menos encontre duas ou três pessoas que compartilhem do objetivo de alcançar o milhão, para que você esteja imerso nessa mentalidade e frequência.

Se você confiar no que estamos falando aqui, ainda não é isso que vai fazer você bater o seu resultado. A confiança é o mínimo. Se você quer ir para o nível 2, precisa estar 100% comprometido. Se confiar no que estamos falando, o seu sistema de crença ficará aberto para editá-lo juntos, mas, se você não autorizar essa edição, vai ficar com a mente fixa a vida inteira.

Sonho é para quem está dormindo. Quando você acordar, assim como nós acordamos e milhares de pessoas junto com a gente, você vai prosperar e parar de dar desculpa. Depois de ler tudo até aqui, de ver pesquisas da Veja e da CNN comprovando que o número de milionários no Brasil vai dobrar, o que o impede de se comprometer com seu primeiro milhão?

Eu só tenho certeza daqueles que dizem que não vão fazer, que não estão comprometidos com seus resultados. Para você que não se vê como um milionário eu só digo uma coisa, eu não me via assim até os 13 anos, quando um livro mudou a minha realidade, e esse livro pode ser aquele que vai mudar a sua também.

Temos um clube de investimento. Inclusive com grupos do WhatsApp, em que recebemos mensagens o tempo todo sobre o assunto. Somos compradores de imóveis, carros de luxo, temos vários negócios, mas o que define o que eu faço não é o que eu desejo e, sim, o que o clube no qual estou inserido deseja.

Eu e o Marcos temos dois Rolex, um no valor de 100 mil e o outro de 150 mil. Mas, por que usamos um relógio nesse valor? O Marcos começou a usar porque em nossas mentorias os mentorados vinham de Rolex, e ele não. Começou a se sentir inferior, teve uma crise, e teve que desbloquear. Para o Marcos, sai mais caro não ter o relógio do que ter, por causa do meio em que convivemos, as rodas que entramos. Fora do Brasil, as pessoas respeitam as outras, pelo relógio que tem no pulso.

No meu caso, estava sentado a uma mesa com pessoas muito ricas e só eu não tinha um Rolex, esse é o poder do clube. Quando você está em um clube, uma confraria onde todos têm uma frequência de subida, algo acontece e você não fica sem aquilo.

Hoje, eu voo mais de helicóptero do que fico dentro de um carro. Esse é o poder do clube. Todos os meus sócios andam de Rolex, têm um Porsche, apesar de eu não ter agora, mas vou comprar um por causa do clube. Todos são atletas, colocamos facetas nos dentes para melhorar o sorriso, tudo pelo poder do clube, que é tão forte que o Marcos Paulo vai se casar devido a essa convivência no clube.

Um dia, liguei para o Marcos às 11 da manhã cobrando sua presença no culto. Este acontece todas as segundas-feiras, às 8 horas, no auditório da empresa. Ninguém era obrigado a participar, mas os sócios têm obrigação de estar ali. Foi estabelecida uma ordem de que ninguém deve trabalhar enquanto acontece o culto, mesmo que não queira participar, pode ficar parado, mas ninguém mexe no computador.

Após o término do culto naquele dia, liguei para o Marcos. Havia 200 pessoas no auditório e percebi que ele não estava ali. Falei para ele: "Cara, cadê você? Eu quero você aqui dentro e não quero que comece nenhuma atividade antes do culto acabar".

Talvez você não nos conheça e não entenda o que motiva o nosso coração, quando começar a entender isso, vai pular igual a uma corsa que anseia pelas águas. Quero que entenda que independentemente do lugar onde você estiver, pode fazer parte desse clube. Clube é frequência. Nós nos destravamos em várias coisas.

No início, Marcos Paulo havia faturado 8 mil reais em um ano com lançamentos, não sabia nem o que estava fazendo, não sabia por que ainda não tinha resultado, estava destravando o saber. Lao Tsé diz: "Se você fala que sabe e não faz, continua sem saber".

Ele estava como um garimpeiro que sabe que há ouro no chão, mas está cavando com uma colher de mão. Na hora que se juntam, sai a colher e entra uma lambreta de perfuração, uma perfuratriz, e, quando começa a usar algo diferente, explode. Em nosso segundo lançamento, com um milhão de reais, aconteceu um milagre, passamos para uma bomba nuclear e tudo mudou.

Por isso que você tem que se associar, clube é igual a associação. Eu já fazia 1 milhão de reais por mês e não acreditava em nada do que o Marcos me falava. Não acreditei de tal forma que não coloquei um real no lançamento, ele colocou tudo sozinho. Hoje honro a vida dele!

Eu já fazia esse dinheiro por mês, dando o couro, trabalhando o dia inteiro, fazendo cerca de três palestras por dia e, quando vi o que o Marcos tinha, eu disse: "Achei um jeito exponencial de entregar a mensagem que está no meu coração". Aí tudo mudou.

As minhas lives davam cerca de 100 pessoas, mas o dia que vi 2000, aquilo foi marcante para mim, porque nunca achei que falaria para essas 2000. Agora, faço lives sem colocar um real de investimento que atraem cerca de 15 mil pessoas. Isso significa que o Marcos estava certo, por isso que valido o que ele faz e, mesmo que o chame de garoto, por pensar nele como um irmão mais novo, eu o respeito como a um ancião.

Imagina o que seria de nós, hoje, se eu não tivesse ouvido esse jovem aventureiro que tinha apenas oito mil reais de resultados. O impressionante é que o resultado dele me abalou financeiramente, mas seu coração me surpreendeu, sua entrega mexeu comigo.

A primeira coisa que fiz ao chegar em casa depois de conversar com o Marcos foi dizer para a Carol: "Ou o Marcos é o mais idiota que eu já vi, ou é um gênio. Não tem como ter uma coisa no meio do caminho". Ele provou não ser um gênio, mas um cara muito produtivo, que ficou milionário antes de qualquer esforço, ele visualizou e depois fez. O cara tem sabedoria e um coração ensinável.

TRÁFEGO PAGO

Sobre tráfego pago, primeiro precisamos pensar da maneira certa. O tráfego pago com estratégia ruim faz com que você só perca dinheiro. Ele não é milagre. Se você tem um produto ruim e uma estratégia ruim, não vende. Ele é um amplificador daquilo que já está bom no orgânico.

Se você tiver apenas 200 pessoas no seu Instagram, esse método já funciona e desperta o interesse daqueles que te seguem. Está entendendo? Vai jogando dentro da sua rotina. Veja como é fácil, natural e fluido fazer desta forma. Quero que você faça isso de forma natural, vai ser gostoso vender assim, e as pessoas vão lhe agradecer por poder comprar de você.

Quero que você abandone essa mentalidade tradicional de fazer venda, oferecendo produto e colocando um link para o cliente. Isto decepciona muito as pessoas. Use as histórias como seu principal método para comercializar, assim as vendas acontecerão com leveza.

Existem muitas pessoas boas tecnicamente neste país. Eu não sou o melhor lançador em técnica do Brasil, tenho certeza absoluta disso, mas sou o que mais faz dinheiro, talvez por ser um dos mais desbloqueados. Quem é aprovado no vestibular e no concurso público não é o mais inteligente ou o que tem mais conteúdo. É, sim, alguém que tem um pouco de conteúdo e inteligência emocional na hora de fazer a prova. Não adianta saber tudo tecnicamente e ser bloqueado emocionalmente.

A primeira coisa que você precisa saber sobre tráfego é que isso fala de movimento. O tráfego pago é fazer as pessoas se movimentarem de maneira paga. Sabe aqueles anúncios que você vê na internet escrito patrocinados? Vou começar a ensinar de maneira introdutória isso para você.

Você pode estar pensando: "Por que o tráfego pago é bom?". Minhas lives davam cerca de 100 a 200 pessoas e, em nosso primeiro lançamento, o Marcos colocou 2000 pessoas on-line em uma sala fechada. Fiquei assustado com isso. E o que ele fez para atrair toda essa audiência?

Eu já era um bom palestrante, mas não era conhecido. Falava e ensinava muito bem, já desbloqueava muitas pessoas, mas de maneira off-line. Vários de vocês são muito bons, mas são reis do off. Desista de ser o rei do off. Não adianta ser muito bom e ser off, pois o mundo é digital. Você quer bater um milhão? Hoje, 98% do dinheiro do mundo é digital, então você acha que bate um milhão sendo off ou sendo digital?

O que eu fiz para bater 2000 pessoas no primeiro lançamento? Fiz tráfego pago. Gerei um anúncio com um vídeo dizendo que iria rolar um evento fechado. Este anúncio levou as pessoas para uma lista de transmissão de WhatsApp, em que mandei um link avisando que estávamos em uma live fechada. Com isso atraí essas 2000 pessoas.

Você tem uma clínica, um hospital ou um comércio, seu produto, serviço e atendimento são bons, mas você é o rei do off. Precisa se digitalizar. O que vou ensinar aqui sobre tráfego pago vai ajudar muito, até em seus negócios físicos, em tudo o que você faz.

PRINCÍPIOS DO TRÁFEGO PAGO

Por que o tráfego pago vende bem e dá resultados? Existem alguns fatores para isso, o primeiro deles é a assertividade. O tráfego pago é assertivo. Imagine que você tem um comércio, uma loja de vestidos de noivas, por exemplo, e quer encontrar as mulheres e fazê-las comprar seus vestidos.

Como você, dono de uma loja dessas, fará para encontrar os clientes de maneira off-line? Pode fazer parcerias com buffet, com maquiadores, cartórios, igrejas, com celebrantes, fotógrafos. Tudo isso é muito válido, mas suponha que você tem apenas cinco pessoas na sua equipe, quantas visitas dessas consegue fazer por dia para fechar uma parceria?

No off a assertividade é muito mais baixa. Se você vai a uma igreja, por exemplo, pode encontrar 20 mulheres, mas de repente é uma só faixa etária de casamento. De modo on-line, essa busca é muito mais assertiva, uma vez que o Facebook e o Instagram registram os comportamentos das pessoas.

Dessa forma, é possível montar uma campanha de anúncios para atrair noivas da seguinte forma: mulheres, de 18 a 35 anos, que é a idade que elas mais se casam, com status de noiva. O status sabe que você está noiva por ficar pesquisando sobre vestidos de noiva, salvando publicações, comentando, procurando vídeos de casamentos. Essas plataformas veem que você tem interesse nisso.

Você pode montar uma campanha dizendo a essas plataformas o seguinte: mulheres de 18 a 35 anos, que tenham status de noiva ou interesse em casamento e que morem até 10 km da minha loja. O Facebook calcula o tamanho do seu público e começa a mostrar seus anúncios para essas pessoas que você definiu.

Consegue entender por que você escala mais e é barato vender pela internet? Muitas pessoas me perguntam quanto devem gastar para fazer uma campanha na internet, e digo que o mínimo é um dólar por dia, ou seja, cinco reais por dia. Se você faz um anúncio de uma semana, custa 35 reais.

O Facebook é por comportamento, mas o Google é por busca. No Google, na rede de pesquisa, o cliente vem até mim. No Facebook, sou eu quem vou até o cliente. É possível pagar para o Google e todas as pessoas que pesquisarem sobre vestidos de noivas, vestidos de casamento, festa de casamento, você cria as palavras-chaves do seu negócio, para que o cliente que você quer apareça em primeiro lugar. Para que quem esteja buscando por esse assunto, clique em seu site. Pelo Facebook você vai aparecer para o cliente na tela do celular dele.

Na maneira tradicional de fazer uma campanha publicitária, que pode ser colocar panfletos com anúncios nos carros, no sinaleiro, se você fizer isso, pode ser que a cada 100 carros que passe, nenhum deles tenha uma noiva. Sua assertividade é muito baixa. Você gasta muito dinheiro com hora/humana de pessoas panfletando, panfletos indo para o lixo, porque não está indo para a pessoa certa. De forma on-line, é como um tiro de sniper, vai exatamente até a pessoa. Pegou o código?

Agora, suponha que eu esteja vendendo um relógio, imagine que ele custe 1000 reais. Nesse caso, meu público seria homens, mas perceba que não é qualquer homem. Um rapaz de 17 anos não compra esse relógio que é para homens de 30 a 50 anos, empresário. As formas tradicionais de vender esse relógio podem ser em um quiosque no shopping, por exemplo.

Falando de escala, eu falei que pelo tráfego pago a assertividade é boa, agora, vou lhe mostrar essa questão da escala. Imagine que eu tenha começado a vender esse relógio em um quiosque de shopping e quero vender 1000 por dia, mas passam 2000 mil pessoas na frente do meu quiosque, sendo a metade mulher e a outra metade homens.

Contudo, dos mil homens, 300 são jovens, os outros 700 têm a idade do meu consumidor, e destes nem todos têm dinheiro para comprar. Nesse caso, a escala de venda é baixa demais. Então vamos criar um time comercial para vender esse relógio.

Vou pegar 1000 vendedores, e cada um tem que vender, no mínimo, um relógio por dia para atingir a meta. Supondo que vamos vender em outra cidade, então vão cinco pessoas em cada carro. Preciso de 200 carros para cobrir essa necessidade. Além disso, o veículo gasta pneus, gasolina e alguns deles ainda quebram e não chegam ao destino. Esses vendedores precisam comer, alguns deles estão com COVID, gripados, vão faltar ao trabalho.

Consegue perceber o tanto que é difícil, com esse time comercial batendo de porta em porta, para vender esse relógio? A cada 100 casas que eles batem, em 30 não tem ninguém, o pessoal está trabalhando. Das outras 70, em 30 delas, quem atende é mulher, que não é o público consumidor. Das 40 casas que sobram, 20 têm homens na idade que eu preciso, mas 10 têm dinheiro e 10 não. E os outros 20, são homens muito novos, que não compram esse produto.

Fazendo isso, de porta em porta, fica impossível escalar essa venda, mas pela internet você faz anúncios para o Brasil inteiro e a venda aumenta de forma exponencial.

Para criar um anúncio desses, você precisa definir algumas coisas. Já sabemos que o público é de homens, então não perco tempo e nem dinheiro para mulher ver o meu anúncio. Se é um relógio para homens de 30 a 50 anos, então já defino essa faixa etária. Se é um relógio para homens ricos, posso acrescentar que sejam homens que fizeram alguma viagem internacional nos últimos 365 dias, como empresários, que ganham mais de 10 mil reais por mês.

O Facebook faz a análise e chega ao resultado de que o total de pessoas que você procura, com essas características, no Brasil inteiro, é de 500 mil pessoas. Nesse caso, eu decido investir 30 reais por dia com esses anúncios, e ele me informa que esse valor alcança 300 pessoas por dia. É assim que funciona.

Pense se você fosse vender para essas mesmas 500 mil pessoas com vendedores de porta em porta, sendo que metade das casas não tem ninguém. A outra metade tem mulheres ou homens, que não são o público-alvo, além de todos os outros gastos que esse trabalho dá.

Pelo Facebook você tem assertividade, escala de público, consegue fazer a segmentação. É por isso que o tráfego pago vende muito mais. O poder do tráfego pago está na assertividade, ou seja, é possível encontrar as pessoas certas e na escala, que não acontece em vendas porta a porta.

Dessa forma, as vantagens do tráfego pago são a assertividade, a possibilidade de escala. Além disso, é barato, porque você pode começar com apenas cinco reais por dia, e democrático, porque qualquer pessoa pode fazer.

Eu recomendo que você comece de maneira orgânica, criando a história daquilo que você vai vender como ensinei no início. Você vai aprender da maneira correta, fazendo até que influenciadores vendam para você. De maneira inicial, eu recomendo que você faça isso, porque é simples, não vai gastar nada, e vai bombar. Entenda, não é sobre vender na internet, isso é muito bom, mas o que eu quero é que desbloqueie a mente milionária que habita em você.

Preste atenção no que vou ensinar agora: você não acredita que dá para aprender a ficar rico. Acredita que não dá, porque nunca ensinaram isso para você. É muito triste a realidade que temos hoje, ver os pais brigando por causa de dinheiro. Desse jeito você constrói uma crença negativa e acredita que dinheiro é motivo de briga. A maior parte das pessoas cresceram com os pais dizendo que dinheiro é sujo, que não se deve pôr a mão nele. Aí você fica com essa ideia de impureza.

Outra parte das pessoas viu os pais devendo a agiotas ou emprestando dinheiro a familiares que não pagaram, o que causou muita briga dentro da família, ou ainda, alguém morreu e todos brigaram por causa da herança.

Você teve várias experiências negativas em relação ao dinheiro, de maneira inconsciente, sem que percebesse isso foi enraizando dentro da sua cabeça. Quando chegou ao colégio, não teve nenhuma aula sobre finanças pessoais, nenhum professor sabe ensinar a lidar com dinheiro. Os professores que você teve viviam reclamando do salário, totalmente insatisfeitos e escassos.

> Mentalidade de abundância não é poupar, é investir e alavancar.

Essas coisas acontecem, porque somos moldados pelos "P´s" programadores: pais, professores, padres, pastores, políticos, professores, parentes. Eles vão programando nossa mente.

Dentro de casa, você não teve um bom relacionamento com dinheiro. Vivenciou muita confusão e escassez. Na sala de aula, foi da mesma forma, ninguém ensinou sobre finanças pessoais. Quando chega à faculdade, você ainda não teve nenhuma aula sobre finanças. Quando vai lidar com o dinheiro, é como um funcionário e não como empreendedor, e o pior é que a maior parte das faculdades são de esquerda, criticam o sistema e o dinheiro.

Quando você chega à igreja, a maior parte dos pastores e padres, não todos, colocam em sua cabeça que é mais fácil um camelo passar por uma agulha do que um rico entrar no reino dos céus. Mas não te ensinam que não é aquela agulha convencional que a vovó usa para costurar, não explica que a agulha é uma fenda em uma muralha dentro de uma cidade.

Você foi programado de maneira errada pelos seus pais, professores, parentes e pastores. Aí vem o Estado, que nunca incentivou a população a ser rica, lança uma campanha que se chama "Poupançudos da Caixa" e não ensina a ser abundante e nem a investir. Quando muito, o Estado ensina a poupar e isso é coisa de pobre, coisa de gente escassa. Mentalidade de abundância não é poupar, é investir e alavancar.

Por causa dessas programações que recebeu, você não consegue enriquecer. Não vê saída para o seu negócio. Eu não te culpo por isso, mas precisa de um choque de realidade e está recebendo neste livro.

Quero que você entenda uma coisa, você foi treinado a falar, aprendeu Português, foi alfabetizado, aprendeu a escrever, a somar, temos várias ciências em nossa vida, você sabe que é possível aprender as coisas. Mas ninguém nunca falou que existe a ciência do dinheiro e é isso que está aprendendo aqui. O dinheiro também é uma ciência. Infelizmente, poucas pessoas o dominam, poucas conseguem sozinhas chegar ao milhão.

Assim, como você compra um quebra-cabeças e pode montar sem olhar a folha que mostra o desenho final, demorando mais tempo, poucas pessoas no mundo são capazes de montar o quebra-cabeças do milhão sem um gabarito. A maior parte delas nem sabe que existe esse gabarito. Mas ele existe. Assim como a ciência do dinheiro. Um livro é isso, o ambiente que pode estar cheio de milionários é isso.

O que estou querendo dizer é que você não é ruim, não é incompetente, não é desprovido de inteligência, só não teve o acesso à ciência do dinheiro. Ninguém lhe contou que ela existe, mas eu estou lhe contando.

Você quer comprar pão, vai à padaria; quer comprar carne, vai ao açougue; quer ser médico faz faculdade de medicina; mas, para ser milionário, vai aonde? Você não tem culpa de ter sido programado errado. Mas a partir de hoje, com a consciência de que existe a ciência do dinheiro, a escolha é sua sobre qual caminho irá seguir.

Para se tornar um milionário, é preciso pagar o preço. Sabendo que existe esforço e desbloqueio para isso, você vai precisar aprender a conversar, a vender, a lidar com coisas do digital, lidar com pessoas, treinar equipes, existem várias formas de fazer, e cada uma exige uma habilidade diferente. Você vai ter que se tornar um ser humano melhor.

Quero que você entenda uma coisa, várias pessoas querem ter o milhão. E está tudo bem. Ser milionário é bom pra caramba! Eu gosto de dinheiro, é bom, só não pode ser o primeiro lugar. Ele diminui a tristeza, traz luxo e dá muitos momentos de alegrias, mas, para você ter um milhão no bolso, é preciso ser um milionário.

A pergunta que você tem que fazer não é como ter um milhão e sim quem eu devo me tornar para ser um milionário. Você pode ter um milhão agora e perder tudo, como vemos acontecer nos exemplos do BBB, loterias e heranças. A ciência do dinheiro não é ter, é quem você deve se tornar para ter o dinheiro!

A pergunta chave é: quem eu devo me tornar para ser um milionário? Quais os bloqueios tenho que vencer? Quais hábitos preciso mudar? Devo deixar de ser um consumidor e adquirir hábitos de produtor? Deixar o hábito de entretenimento e passar para o hábito de estudar? Deixar de ser um procrastinador e me tornar um executor?

Como eu disse antes, é preciso tratar a escassez, ela não tem cura. O melhor momento para você enriquecer é agora, porque a internet é democrática. Eu não era pobre, mas era classe média baixa e fiquei rico. Faço parte do 0,01% do Brasil. Pablo era call center e enriqueceu.

Você que não tem dinheiro, tem que odiar a estabilidade, mas o mais louco é que quem não tem grana quer ser estável, trabalhar de segunda a sexta com suas férias e todos os direitos. Deixe-me contar uma coisa, se for estável, quer dizer que não tem movimento, e se não se move, o pobre continua pobre, e o rico continua rico. Quem deveria gostar de estabilidade é o rico. O pobre deveria amar a crise, o caos e as mudanças políticas, porque é nessa instabilidade que tem a chance de ficar rico.

Você precisa mudar esse driver de estabilidade e desejar se adaptar ao que está acontecendo. Eu afirmo novamente: existe, sim, a ciência do dinheiro, e esse livro contém várias delas.

Você foi programado errado, e agora está acontecendo a desprogramação. Para construir um milhão, precisa desconstruir muitas coisas. Não existe construção sem desconstrução. Se você quer construir um lindo prédio, precisa desconstruir a casa velha que está no lote. Você até pode me dizer: "Eu quero construir um lindo prédio e o lote está vazio, não preciso desconstruir nada". Não, meu amigo, se você vai construir um prédio, vai precisar de brita. Por mais que o lote esteja pronto, precisa desconstruir pedra e transformá-las em britas. Também vai precisar de areia, que é a desconstrução de um rio. O ferro que vai ser usado nas vigas do prédio é a desconstrução dos minérios, que estão na terra, tem que cavar para extrair.

Não existe construção sem desconstrução. É isso que estamos fazendo aqui com você, para construir um milhão tem que desconstruir essa escassez, para programar seu cérebro de milionário, tem que desprogramar o seu cérebro de escasso.

TAREFA:

- Busque oportunidades de *networking* para expandir sua rede profissional e conhecer pessoas que possam oferecer oportunidades de renda ou parcerias comerciais.
- Você se considera um bom vendedor? Qual foi a última vez que se preocupou em criar argumentos para vender um produto ou serviço a alguém?

CAPÍTULO 3

NEGOCIAÇÃO E VENDAS: COMO VENDER NO MÍNIMO 3X MAIS

No meu livro, Os Código do milhão, na página 145, é o capítulo no qual eu que falo onde eu não começaria investindo. No passado era muito bonito andar numa empresa e ver estoques gigantescos de produtos, hoje não mais. As grandes empresas não possuem mais estoques.

Mas há pessoas que continuam no método antigo, escalonando negócio e não aprendendo a escalar negócio. Quando a pessoa vê uma oportunidade de não precisar ter o estoque, que lhe oferecem uma rede de supermercados, ela diz que não quer. Mas, se oferecerem uma plataforma que entra no banco de dados do supermercado e vende on-line, nisso ela quer investir.

Aprenda os lugares que você não investiria. Não invista em negócios em que a pessoa possui só uma habilidade. Lugares onde tem um estoque que não seja dinâmico. O estoque de coisas produzidas por você tem prazo de validade.

Quando eu era diretor na empresa de moda, falava que as roupas que chegassem na prateleira teriam três meses para acabar; precisavam ser vendidas de alguma forma, e, se não funcionasse, seriam vendidas barato, só para tirar da prateleira. Mas por que essa atitude? Se o cliente que for comprar um produto seu vir que não está sendo produzido coisas novas, que é um estoque dinâmico, logo perderá o interesse e irá procurar outra empresa.

Para que entenda melhor esse dinamismo a que me refiro, vou usar a televisão como exemplo. Os programas da TV tradicional são produzidos por grade, antigamente se tinha praticamente um canal para as crianças assistirem a desenhos; quando apareceram mais canais, as crianças passaram a ter mais opções. Hoje, se quiser assistir ao mesmo desenho o dia todo no Youtube, ela consegue. Ou seja, essa questão de grade da TV acabou. A geração de hoje se chama, on demand (por demanda), pois se a criança não quer ver nada que está na TV, ela pode procurar o que quiser em outro canal.

Quando você entende o on demand e adapta o seu negócio, em vez de ter estoque, você antecipa o que o seu cliente deseja pela demanda. Hoje em dia, as empresas estão criando um movimento no qual não irão mais entregar comida. Está acontecendo uma descentralização, por isso elas não terão mais estoque.

> Venda é desvenda. Você não pode vender para uma pessoa que está com uma venda nos olhos.

Para vender três vezes mais, é preciso descobrir a alma do cliente. Todo mundo quer comprar, só que cada um está com um problema. Uma pessoa está com um problema, mas ela quer que você seja rápido e você é enrolado, então está atrapalhando a venda. Outro cliente tem o dinheiro, porém quer descobrir tudo sobre o produto e quer todos os detalhes, mas você não tem paciência para apresentar o que está vendendo. Quando você descobrir na alma dele o que ele está buscando, saberá que, antes de mais nada, ninguém quer comprar seu produto ou serviço, ninguém quer dar dinheiro para o outro. A pessoa quer ser beneficiada. Ao ser beneficiada, ela pensa que esse benefício vale mais que o dinheiro dela. Ache o benefício que a pessoa precisa. Exponha o benefício, faça a pessoa sentir esse benefício, simule-o na cabeça dela.

Venda é desvenda. Você não pode vender para uma pessoa que está com uma venda nos olhos. O verdadeiro processo de venda é tirar essa venda dos olhos da pessoa, e fazê-la enxergar o benefício, se não for assim, ela deixa passar. Você não precisa agradar todo mundo, pois existem pessoas que não precisam do benefício que você está oferecendo. Um bom vendedor não empurra coisas, ele traz lucidez para o comprador. Ele faz a pessoa experimentar o benefício.

Conte uma história que vale mais do que o recurso que ele está disponível para pagar. Contar uma história que faça com que a pessoa entenda que essa história é mais valiosa do que o dinheiro que ela tem nas mãos. Se ela conseguir entender o valor dessa história, ela vai falar: "Eu estou dentro, eu pago".

RECURSOS

Se você não souber para onde estão indo os seus recursos, logo eles irão acabar. Ao não entender de recurso, você perde na entrada, no tempo de administração e na saída. Existe o ganho de pessoas na entrada, que se chama compra. O segundo ganho é no tempo de administração, que é enquanto esse processo passa pelas suas mãos. O terceiro ganho é quando você vende. Não compre no preço de mercado, principalmente itens físicos. Experiência é diferente.

Existem três fases de um recurso. A aquisição, a manutenção e o legado, que é a venda. Se você não ganhar na compra, estará com um negócio desvalorizado na mão, pois é o preço de mercado. Acima do preço de mercado, existe o preço de valor. O preço aceitável está abaixo do preço de mercado. Existe o barato, o muito barato que está quase morrendo, leilão e outros. Quando for comprar algo, GANHE NA COMPRA.

> Não tenha vergonha de vender absolutamente nada.

Vender não o faz ganhar dinheiro. A única forma que você pode ganhar dinheiro é vendendo acima do valor que pagou. E mesmo assim, se for uma empresa, não ganhou nada, pois o dinheiro precisa ser devolvido para o fluxo de caixa. O verdadeiro ganho está na compra. O sinal que você é um bom gestor é no maior período que esse bem passa pelas suas mãos, sendo bem administrado, sem ficar gastando e sem ter desperdício.

A relação de caro e barato tem a ver com a relação de mercado de certa coisa. Quando sai do eixo de mercado, não existe mais o caro e barato. Para vender coisas acima do preço do valor de mercado, você precisa desses três pinos funcionando: storytelling, geração de valor e experiência.

As pessoas compram em primeiro lugar por conta da experiência. Nem todo mundo quer ir a um restaurante, por exemplo, mas os que estão indo querem exatamente o que esse lugar representa para eles. Quem não gera valor irá vender a comida barata, mas quem gera valor pode vender muito caro. Não tenha vergonha de vender absolutamente nada. Se

> Tenha o constrangimento de vender uma coisa de alto valor, que não tem valor algum. Gere valor.

> O valor é maior que o preço. Preço é consequência. Quando você joga o jogo do valor, vender fica confortável.

você estiver à altura, irá vender. Tenha o constrangimento de vender uma coisa de alto valor, que não tem valor algum. Gere valor.

Atente-se para o fato de que a agregação de valor são códigos, acessos, coisas de valor que interessa para uma pessoa. As pessoas estão esperando alguém de valor. Elas querem comprar de você, mas você não tem nada a oferecer!

Se você observar, quem trabalha no método tradicional coloca um teto, trabalha para fazer o preço a fim de que o mercado compre. Mas o que gera valor vai embora e usa o mercado só para pisar e ir subindo, e sempre terá pessoas para comprar. Seu cliente nunca terá dó de você. Se você subir o valor, não estará humilhando quem não tem dinheiro, mas irá achar outras pessoas que enxergam valor nisso. Pague o preço de geração de valor e faça o seu negócio render 3, 4, 5 vezes mais.

Comece fazendo algo de graça, e, se o faz de graça sem sair pesado para você, é porque sente uma grande vontade de mexer com essa área. Segundo, se de graça ajudou alguém pelo qual prestou o serviço, você já achou valor e pode começar a aumentar o lado do valor e colocar o preço que quiser. Quando você não sabe colocar preço, é porque não sabe a raiz do seu valor, que está na autoimagem. Você não confia nos resultados que tem, que talvez seja zero ou pouco, mas quando começa a ter resultado, não consegue fazer por menos que isso. O preço nunca vem antes do valor. O valor é maior que o preço. Preço é consequência. Quando você joga o jogo do valor, vender fica confortável.

Quem define o preço é quem gera valor e não quem quer comprar. Você gera valor e governa com ou sem prejuízo. Em toda geração de valor, o prejuízo é bem-vindo, se tiver prejuízo sem geração de valor, você vai quebrar.

Anote isto: a oportunidade é gerada pelas atitudes que você toma. Se você for muito bom e não se infiltrar nos ambientes, não saberão que você é bom. Você precisa encontrar uma pessoa chamada patrocinadora, é uma pessoa que abre caminho e que faz todo mundo linkar com você. Procure uma pessoa que tenha esse perfil e passe a servi-la por um tempo, pois ela vai colocá-lo no ambiente do contexto que você quiser.

Uma pesquisa aponta que 71% das empresas brasileiras não estão batendo metas de vendas, entre os motivos estão:

- Crise de desconfiança do mercado;

- Falta de treinamento;

- Crise sistematizada no mercado, atingindo o poder de compra;

- A concorrência é com máquinas. A maior parte dessas empresas batem metas com pessoas, mas, quando você aprende a usar os algoritmos nos seus negócios, irá explodir.

- Alta taxa de juros.

Se você não quer fazer parte dessa estatística, das empresas que não batem suas metas de venda, siga minha instrução: dedique tudo o que você tem no digital, a vendas on-line. Logo, só existirão dois tipos de empresas, a da internet e a que deixou de existir. Se você não tiver essa habilidade básica de vender, não poderá prosperar, porque venda é tudo. Você pode vender a sua imagem pessoal, produto ou serviço, acesso. Se você é dono de um aplicativo de uma plataforma que conecta dois pontos, você vendeu um negócio. Uber e Airbnb são exemplos de acesso. O acesso é um dos melhores negócios, seguido pelos serviços digitais e produtos on-line, que são mais eficientes do que produtos físicos.

PORTA *VERSUS* CAMINHO

Decisões são como portas. Persistência em ambiência são caminhos.

Jesus disse: "Eu sou o caminho, a verdade e a vida. Ninguém vem ao Pai, a não ser por mim". João 14:6.

A sua ideia está do lado de lá da porta, e você tem que investir para atravessar essa porta, você fica achando que esse

> Decisões são como portas. Persistência em ambiência são caminhos.

negócio é brilhante, só que ninguém acredita nisso, porque ela só está na sua cabeça.

As experiências de porta irão mudar sua vida, elas são experiências radicais. Você irá abrir várias portas. Ao passar debaixo deste portal, não olhe para trás. É melhor você escolher outro caminho no meio do percurso do que ficar voltando atrás. Quando você olha para trás, esquece quem você é e tem medo. E se, você volta atrás, o seu cérebro bloqueia e não consegue mais tomar decisões, ficando medroso. Assuma a responsabilidade de pegar essas portas.

Há pessoas batendo em portas que estão fechadas só porque ainda não têm o código para abri-la. Anote: As mudanças radicais são as portas que você abre. No percurso pode ter várias portas. Se você seguir com determinada amizade, ela pode acabar com a sua vida. Com outra amizade você pode crescer muito. E algumas pessoas têm medo de olhar essas portas.

A experiência de caminho é a mais frustrante, a mais pesada, mais cara e a que mais dá resultado. Ela vai determinar aonde você vai chegar. As 3 pessoas que não podem faltar no caminho são:

– A pessoa da instrução. Você pode pegar a instrução em um livro, como a Bíblia.

– A pessoa que andará ao seu lado e não desistirá de você. É aquela pessoa que você está ensinando e empurrando.

> Mil boas decisões podem não te fazer chegar a uma vida de riqueza, mas uma única experiência de caminho leva.

– A pessoa que está no mesmo nível que você, para comemorarem e compartilharem juntos. A conversa de dois prósperos não tem fim. É difícil encontrar alguém que tenha prazer em tantas vitórias que você tem para contar.

Quando as pessoas no caminho querem a mesma coisa que você, na hora que suas forças faltarem, você as encontrará no grupo. Ele vai te dar força. Nós somos produtos do meio. Dependemos do ambiente, da frequência, das decisões tomadas e das portas que entramos.

Mil boas decisões podem não te fazer chegar a uma vida de riqueza, mas uma única experiência de caminho leva. O ambiente vai estragar ou potencializar você, nunca um ambiente o deixará neutro. Busque ambientes certos. Você só entra em caminho se passar por portas. Não tenha medo de entrar por nenhuma porta, até no caminho que vai ser um fracasso, você vai ganhar força. Quem sofre decepção aumenta o poder de confronto, porque vai amadurecendo.

Dentro de você tem um caminho forte e prevalecente. Um caminho poderoso que irá atrair muitas pessoas. Você é caminho.

TAREFA:

- Faça uma reflexão sobre sua vida financeira e anote quais as portas que deixou de abrir por que não tinha a chave correta. Em seguida, mediante o conhecimento que tem hoje, escreva o que faria se voltasse a ficar diante das mesmas portas.
- De todos os códigos apresentados neste capítulo, reescreva o que mais o impactou e explique por quê.
- O que você vai fazer a partir de hoje para vender 3x mais o seu produto ou serviço?

CAPÍTULO 4

MULTIPLIQUE TALENTO E ACELERE O CRESCIMENTO DA SUA EMPRESA

O Brasil está precisando de gente, para qualificar pessoas para assumirem os postos de trabalho e gerar mais riqueza. Na África, estamos investindo energia para a pessoa aprender uma profissão. Aqui no Brasil, há muitas pessoas que não precisam abrir um negócio agora, estas pessoas precisam aprender algo.

O que todo brasileiro tem que desejar é abrir uma empresa. Quando você deseja abrir uma empresa, é necessário crescer até uma altura de competência. Estas habilidades são compostas com áreas de atuações em sua vida. Por exemplo: vender. Não dá para abrir uma empresa somente com esta finalidade, é necessário agregar outras aptidões para se desenvolver. Caso contrário, não irá suportar o mercado, a pressão, e voltará ao regime CLT. Quando necessário, na CLT, você ficará até aprender todas as competências.

Como candidato a presidente do Brasil, fomos gravar uns vídeos andando de ônibus na cidade de Barueri. Sentei em um ponto de ônibus e fiz uma pergunta para uma senhora: "A senhora gostaria de ter o seu próprio negócio?". Com muita simplicidade a mulher respondeu: "Quem não quer ter o seu próprio negócio?". Esta frase mexeu comigo. Conversei com outro senhor que disse a mesma frase.

Voltei para a senhora e perguntei: "Se tivesse cinco mil reais, o que a senhora faria?". Ela respondeu: "se eu tivesse cinco mil reais iria comprar umas calcinhas e vender para as pessoas que conheço". Aí pensei: será que falta os cinco mil, será que falta habilidade, pois vontade ela tem, a frase é igual a do outro homem: "Quem é que não quer ter o seu próprio negócio?".

Ter o próprio negócio vai fazer você ter dor de cabeça? Vai. Ter seu próprio negócio vai fazer você trabalhar mais? Vai. Quando você diz: "não vou trabalhar mais para os outros, vou trabalhar para mim", esta frase está errada. A correta é "eu trabalhava para um, agora vou trabalhar para muitos". Antes, quando você trabalhava, chegava o horário de ir embora, você ia embora. Agora não.

Agora é como ter um filho na UTI, tem que ficar acordado e rezando para o caixa fechar, os negócios funcionarem. É totalmente diferente. Se não quiser, terá que voltar ao seu sistema anterior, pois é assim que funciona. É como se você fosse uma CLT, que assina a carteira de mais de vinte pessoas. Se desse algum problema na sua empresa anterior, você tinha o seu salário no bolso. Agora, como empreendedor, o seu salário é o dinheiro dentro do caixa da sua companhia.

Uma parcela das pessoas que rompem as camadas sociais no Brasil contará com a sorte, pois viemos de um sistema que não foi programado para fazerem os brasileiros darem certo. Nosso sistema educacional é falho de propósito, com certeza. Isto se deve ao fato de que não treinamos ninguém para ser líder de verdade, não treinamos ninguém para ser criativo, para ser empreendedor.

O sonho mais concorrido no Brasil é ser médico. Por que a gente não fala assim para as crianças: "você pode ser dono de hospital!". Outras pessoas falam: "para ser dono tem que ser médico". Mas também você pode ser um investidor de hospital, que nunca pisou os pés lá, mas investe em hospital.

Quem é que sabe disso? Ninguém. A culpa é de quem continua fazendo um ensino de 150 anos atrás! Hoje tudo mudou. Nossa referência não é mais a televisão, é o celular, e a sala de aula continua no mesmo formato. Todas as coisas estão evoluindo. Por exemplo: o carro. Daqui a alguns dias, não irá mais tocar o chão. Tenho um carro na minha garagem de 1013 cavalos que não usa combustível, só bateria. Esta bateria pesa 1300 quilos fazendo de 0 a 100 km em 3 segundos. Só a bateria desse carro é o peso de um outro carro.

As coisas estão mudando, mas a cabeça do nosso povo não muda nenhum milímetro. Os empresários precisam multiplicar o talento dos colaboradores, mas muitos ainda têm medo de perder seus funcionários e, por isso, não investem neles.

Se você investir na vida do seu colaborador, sua empresa crescerá mais rápido. Depois que descobri este número, nunca mais trabalhei diferente. Uma pessoa entrega 11% do seu emocional em uma empresa que não tem perspectiva de crescimento. Se ela perceber que você quer que ela cresça e você patrocina este crescimento, ela entrega 90% do emocional dela na empresa.

Entregar 11% do emocional da pessoa por 10 anos é o normal que todo funcionário faz pela companhia. É preferível ter 11% do emocional por 10 anos ou 90% por 1 ou 2 anos? Claro que é muito melhor ter os 90%. Com um grupo de 100 pessoas você consegue dobrar o tamanho do negócio.

No Brasil, temos vagas de trabalho em aberto o tempo todo. Os desempregados hoje representam, no mínimo, apesar de dados falsos serem divulgados, 40 milhões de pessoas. Tem emprego, mas não têm pessoas. Se eu conseguir abrir mais uma empresa, vou precisar de mais três empregos e o problema vai continuar. Como resolver esta lacuna? Se estas pessoas forem treinadas, as empresas serão potencializadas.

Contudo, a cultura de vitimização, de dependência, de não vamos abrir sua mente, cultura de que precisamos que seu voto seja barato, faz com que tenhamos vagas de emprego disponíveis, mas sem pessoas para ocupar. Nos EUA também tem desemprego, mas optaram por atrair as pessoas de fora do país, pois não tinham nenhuma base treinando pessoas.

A maior empresa de proteína do mundo lançou uma escola de negócios. É uma escola normal para quem passa pela porta. Os executivos dão aula para as crianças desde pequenas e estão gerando um exército de pessoas para trabalharem como executivos no futuro!

Algumas empresas brasileiras estão investindo para qualificar seus funcionários e cobrir a lacuna educacional. Ensinar o empreendedorismo para todos ainda não cobrirá esta lacuna. Muitas pessoas recebem as tarefas, mas não fazem, pode ensinar, mas muitas pessoas não irão fazer. Nunca no mundo todos serão empreendedores! Não existe isto. A lacuna educacional é proposital.

Por exemplo, se for ensinado inteligência emocional nas escolas, 60% dos homicídios ao ano vão despencar. Isso se deve ao fato que a pessoa aprenderá a contar até cinco, a canalizar energia, vai aprender a fazer perguntas, vai aprender a não se ofender, tudo isso só com inteligência emocional. E por que não ensina isto? Porque o tipo do governo atual tem interesse em homicídio.

As ideologias, quando são aplicadas, possuem seus próprios frutos. Quando se tem alguém mais conservador no governo, o número de homicídio cai. Quando tem uma pessoa com perfil comunista, precisa de um pouco mais de caos para eles parecerem a solução. Eles trazem esperança para as pessoas pensarem que vão salvar o perfil financeiro do país, mas não dão conta de fazer gestão de um território rico, estouram o teto de gasto e fazem com que a nação pegue mais caro. A produção de energia começa a cair, a inflação começa a subir, aumenta a taxa de juros, todo mundo que é rico tira o dinheiro de coisas que não estão dando retorno, colocando em um lugar onde irá receber este juro de volta.

A primeira coisa que este atual governo retirou do sistema foi a educação financeira. Todo esquerdista odeia que a população aprenda educação financeira. Um certo dia fui ministrar uma aula para os alunos da escola Kingdom, quando perguntei: alguém aqui sabe o que é juro? "Não", responderam os alunos. Aí pensei: é isso aqui que temos que ensinar para as crianças. Ensinar juros para alunos de 5ª série, sim. Depois que entende, nunca mais esquece. O que é juros? Aluguel do dinheiro.

Peguei 100 reais do meu bolso e rodei o mercado com as crianças para mostrar como funciona. Papel e caneta na mão, envolveu todo mundo! Se eu empresto o dinheiro, tem que ter um aluguel, aí compro um produto... mostrei a cadeia inteira de negociação. Tem que ter isso na escola, pois, na hora que for apertar um botão na urna eletrônica, não fará burrice.

A pessoa que tem inteligência emocional não acredita em propaganda, não vai entrar na onda de militância, vai pensar: "espere aí, quem sabe administrar isso aqui?". Acaba colocando um administrador. Só que somos impedidos. Estudei em escola pública, sei do que estou falando. Vejo a vitimização que a nossa nação possui. Por isso que você está pobre, por isso que a sua vida é uma merda. Aí surge a brilhante ideia para mudar para os EUA. Os ricos estão querendo, mas os pobres também, pois lá é uma plataforma de liberdade, lá as pessoas preferem lavar banheiro do que investir energia aqui, abrir um negócio aqui.

Na Bíblia existe a Parábola dos Talentos, que narra que Deus deu um talento para uma pessoa, dois para outra e cinco talentos para uma terceira pessoa. Está escrito que Ele deu de acordo com a capacidade de cada um. Acho isso chocante! Tudo bem que o talento que está escrito é o dinheiro da época. O que Deus quer que a gente faça não é pegar dinheiro e aplicar em banco, é para restaurar gente, resgatar pessoas.

A multiplicação de talento que estou ensinando é para vocês se destravarem e destravar os outros também. Um grande amigo meu, um dos maiores industriários de Goiás, fez o método IP e disse que iria trazer a irmã para ser desbloqueada. Acabou trazendo vários familiares. Ele reconheceu a importância de treinar seus funcionários e me perguntou sobre o custo desse treinamento.

Lembro que a gente trocou em uma Land Rover. Me pediu novamente: não ensine esse trem de abrir a cabeça deles, pois o que você prega, até minha mãe está querendo prosperar, está com quase 80 anos e nunca mais parou de falar disso. Está vendo gado, está olhando os negócios, onde está sendo aplicado o dinheiro, este negócio está sendo muito perturbador.

Aí eu falei: "não vou fazer o método IP lá". Ele disse: "Está doido, o pagamento está aqui, vou lhe dar o carro". Expliquei que a essência do método é ativar a essência da pessoa para ela explodir na vida e que não podia negociar isso com ele.

Você é um dos principais clientes que tenho na minha empresa hoje, você mandou 40 pessoas da sua família, está sendo abençoado e agora está querendo tirar a oportunidade dos seus colaboradores. Me deixe ensinar. Ou faz desse jeito, ou então eu não topo. Vou lhe falar o que vai acontecer. E ele disse: o quê? Respondi: "Estes colabores irão sair da empresa", e ele me respondeu que não queria que isso acontecesse.

Encorajei-o a permitir que as pessoas fossem liberadas e treinadas para multiplicar talentos. Expliquei que, embora isso possa causar algum desconforto inicial, todos irão crescer rapidamente, inclusive a empresa, e uma cultura de multiplicação de talentos será estabelecida.

Ainda receoso, ele me perguntou se eu tinha certeza de que o treinamento funcionaria, eu o tranquilizei e formamos uma turma. Resumindo, em um ano, a maior parte dos líderes, supervisores e coordenadores saíram da empresa. A organização nunca faturou tanto, criou um programa de multiplicação de talento.

Aqui na minha companhia também temos este programa, chama PMT, Programa de Multiplicação de Talento. Falo para todos é preciso estudar, tem que fazer, temos até academia para treinarem. Agora estou fazendo um spa dentro da empresa. Não é para os funcionários ficarem aqui. Vai dando o horário, as luzes dos blocos vão se apagando. A minha orientação é para pegar o pôr do sol em casa. Não sou religioso de pôr do sol, não. Só que as pessoas querem morar aqui. Mas, também, uma empresa dessa! Quem é que não quer ir embora.

Aprenda a ter um tesão pelo local onde você trabalha, assim irá esquecer que você trabalha, mas vai embora para sua casa. Quero que a pessoa tenha muita vontade de ficar aqui, mas também quero que vão embora, pois os filhos estão crescendo na horizontal, e ele não está vendo. Acompanhar o crescimento de filho na horizontal é sair de casa e ele estar dormindo, chegar em casa e estar dormindo novamente. Assim você não serviu para ser pai e nem mãe.

O filho tem que ser acompanhado na vertical, em pé. A maioria das pessoas acompanham seus filhos crescendo só deitados. Isto nunca terá o meu apoio. Leve seus filhos para morar perto do seu emprego. Lidere a sua vida. Se continuar aprendendo, ninguém vai mandar em você.

Não sou capitalista nem comunista, sou governalista. Meu objetivo é que você se torne um governante, próspero e reinante. Acredito que despertar os outros é importante, mas, se for apenas para ser capitalista, por que incomodar? O capitalista verdadeiro gosta de pessoas com capacidades limitadas, assim como o comunista. Porém, o comunista tenta convencer os ingênuos de que devemos dividir a riqueza entre todos. Os capitalistas riem disso, pois sabem que não funciona. Eles protegem seu capital e cada um fica onde quiser, sem incomodar muito, mas também sem possibilidade de explodir.

Os capitalistas riem desta piada, pois sabem que isto nunca vai funcionar, defende o capital dele e cada um fica onde quiser. Eles não incomodam tanto, mas também não há possibilidade para explodir. Talvez você nunca tenha pensado nisto. É terrível.

Minha sugestão é criar uma equipe de treinamento e ir desenvolvendo as pessoas gradualmente. Todos têm potencial para melhorar. Onde devemos investir primeiro? No nosso próprio CPF. Ter um CPF forte é o que impede uma empresa de quebrar e faz uma empresa crescer. É o CPF forte que permite que uma empresa sobreviva a uma crise financeira. Por outro lado, um CPF fraco pode levar uma empresa ao fracasso. Se você quer mudar o mundo, comece fortalecendo seu próprio CPF. Invista em si mesmo, desenvolva seu talento, adquira conhecimento e habilidades através do estudo e da digitalização, invista em networking e modelagem. Faça seu CPF prosperar.

Se você não multiplicar talentos, seu próprio talento, não vai poder, nunca, ter uma grande história. Assim como a mulher tem seu útero, é um grande sonho dela reproduzir o próprio útero. Isto se chama multiplicar talento. O sonho que todas as pessoas deveriam carregar era de reproduzir todas as coisas. Reproduzir financeira, intelectualmente, reproduzir o seu DNA, reproduzir espiritualmente.

Anote este código: quem aprende não depende. Você tem que virar uma mansão primeiro. Você pode até dizer que irá morar em uma mansão, mas, se você primeiro não for a mansão, não terá a frequência equivalente. Quando a primeira casa que construímos na África, em Angola, foi habilitada, ao retornarmos no dia seguinte, a casa estava um chiqueiro. Não mobiliamos, não ensinamos nada, só entregamos a casa.

Percebi que as pessoas não sabiam cuidar da casa. Decidi que não entregaríamos mais casas sem mobília. Comprei espelhos, pois as pessoas precisavam se enxergar para perceber a necessidade de cuidar de si mesmas. Elas eram verdadeiramente imagem e semelhança do Criador. Coloquei um espelho grande na parede para que pudessem se ver.

Aí disseram que era um exagero, que já estávamos investindo nas mobílias. Sugeri que teríamos que criar um manual de como cuidar de uma casa. Entenda o que é cultura, o que é mentalidade. Eles vivem naquelas latas, deitados no chão, só em cima de uma bucha, de um lençol. Entregar uma casa para eles, sem ensinar como usá-la, logo ficarão sem a casa.

Não lhe falta aquilo que você está buscando, falta mudar a sua cabeça, aquilo virar o seu escravo e funcionar na sua cabeça. Não queira ter uma mansão, não queira ter uma Ferrari. A frequência vai o levar para isto. Você pode até ter uma Ferrari, mas, se não souber pilotar, você arranca o bico dela, arranca a frente em menos de meia hora. Se dirigir igual a um Gol, vai arrancar a frente do carro. Não é para dirigir igual a um carro comum. A Ferrari não anda em qualquer lugar, em locais esburacados, será toda destruída.

Não é a falta daquilo que você busca, mas sim a necessidade de mudar sua mentalidade e dominá-la. Não anseie por uma mansão, nem deseje uma Ferrari. É a frequência correta que o levará até lá. Mesmo que você possua uma Ferrari, se não souber pilotá-la, acabará danificando-a em pouco tempo. Ela não deve ser conduzida como um carro comum. Uma Ferrari não é adequada para qualquer lugar, especialmente em terrenos esburacados, pois acabará sendo destruída.

Pare de servir a coisas! Lembro-me da minha mãe ter um conjunto de panelas de vidro, mas não cozinhava naquelas panelas. Ela dizia que era um jogo especial de panelas. Isto é mentalidade errada! Minha mãe também aprendeu a dar valor às coisas, mas já mudou muito. Falava para ela que tínhamos que usar as panelas, quebrar os copos. Ela dizia: quebrar os copos? Sim, quebrar os copos. Esqueça estes negócios, a senhora vai ficar presa nisso!

Todos os dias, quando almoço, vejo os meus pratos com borda de ouro. No meu aniversário, tive costela com ouro, obrigando os convidados a comer ouro! Para você ver o que é prosperidade. Minha intenção sempre será mexer com a sua escassez. Não sou um esnobe, mas sou aquele que irá explodir esta sua cabeça de miséria, crença de miséria. Não adianta ficar guardando copos, quando morrer, vai fazer o que com os copos?

Certa vez falei para o meu pai: como nós não temos relacionamento, no dia que você morrer, vou comprar a parte dos meus irmãos, pegar uma retroescavadeira e passar em cima desta casa, para ter o prazer de mostrar, pois o senhor não nos convida para ir aí. Ele tomou um choque e perguntou: você vai fazer isto mesmo? Respondi: certeza absoluta! Ou o senhor entende que a gente precisa se relacionar, ou, na hora que você morrer, já estou lhe prometendo.

Meu pai ficou muito ofendido e disse: você está certo, vamos parar com isto. Tantas coisas que temos nas nossas cabeças que não fazem sentido. Sempre estou lá enchendo o saco. Encho o saco de muita gente há muitos anos. Uma das coisas que mais faz a gente prosperar é o desapego. Quando conheci Jesus e comecei a ler a Bíblia, as próprias pessoas da igreja ficavam com raiva de mim. Eles achavam que eu estava lendo muito a Bíblia. Eu questionava: você continua sendo crente? Está falando mal por eu estar lendo a Bíblia? Tenho um problema muito sério, quando descubro que algo funciona, mergulho de cabeça, já até tive vontade de comê-la, de não soltar, pois os códigos estão lá dentro.

Vamos conversar sobre a Bíblia, inteligência emocional, programação neurolinguística, investimentos e empresas? Já fiz isso com várias pessoas, e todas têm comportamentos semelhantes, desde membros da igreja até banqueiros. Não é exagero. É curioso ver alguém com 40 anos de cristianismo afirmar que a Bíblia é complicada. Será mesmo? Compartilhar o que sabe é essencial para desbloquear o entendimento e receber revelações.

Aprendi algo poderoso com a Bíblia: estudar com os melhores especialistas não basta; é necessário falar sobre ela para que Deus revele algo. Ao longo dos meus 25 anos como cristão, tenho lido a Bíblia desde os 9 anos. Mesmo após orar durante 24 horas por 4 dias seguidos, nunca li a Bíblia apenas por ler e aguardando que Deus me fale algo; Ele nunca falou.

Todas as vezes que eu tive um maná do Alto foi falando para as outras pessoas. Assim eu recebia o download dos céus. Quero que você anote o seu coração, que nunca terá uma revelação da palavra somente estudando, pois não é sobre você. Quando Deus vê você usando a forma prática da Bíblia, que é o transbordo, quando este livro começar a sair de dentro de você, aí Ele entrega alguma coisa que você não viu, assim vem o download.

Isto é assustador! A mente de quem realmente é próspero é a mente de quem está transbordando, não é de quem é escasso, não. A sua escassez não está relacionada ao financeiro, está relacionada à sua limitação. A pessoa acha que ter um milhão em patrimônio é importante. Isto é só o ingresso da vida.

Pegue dois sacos e meio de feijão, é o peso de um milhão de reais. Você dá conta de segurar este peso? Não dá, não, sua mente não deixa. Você tem a força braçal para segurar dois quilos, mas não tem a força mental para segurar um milhão de reais. Você só está há uma distância em horas de trocar o peso do feijão pelo peso mental do milhão de reais. É difícil para quem não começou, fácil para quem fala e simples para quem faz, pois vai crescendo progressivamente.

Tenho que convencer a pessoa que acha que é filho de Deus a tomar posse daquilo que é ser filho de Deus. Uma senhora me ligou uma vez dizendo que eu era líder de uma seita. Disse que a filha tinha ido na "desgraça" do método IP. Estava acordando cinco horas da manhã, tomando banho na água fria, ficava gritando às cinco horas da manhã. Nesta seita tem que gritar às cinco horas da manhã? Vai para a sacada, fica lendo a Bíblia, fica lhe assistindo o dia inteiro. O que aconteceu com minha filha? Aí eu lembrei: a sua filha é uma menina de 120 quilos? Quantos quilos ela tem agora? Era uma menina que acordava às 11h todos os dias? Era uma menina que queria se matar, cheia de depressão? A senhora está treinando-a para se matar? Está com raiva de mim, porque ela está lendo a Bíblia? Desculpa pelo desconforto! Todo mundo grita em um banho gelado na madrugada.

Então me responda uma coisa, quem cuida melhor dela: eu aqui da minha casa sem saber muito bem quem são vocês, ou a senhora, que fica aí o dia inteiro reproduzindo este DNA de morte? Fale de novo que sou satanista! Fale de novo! Ficou muda no telefone. Está lá até agora com o telefone na mão.

> O seu coração, que nunca terá uma revelação da palavra somente estudando, pois não é sobre você.

Tenho um livro chamado Lavagem Cerebral, as pessoas dizem que faço lavagem cerebral. Faço lavagem de cérebro, alma e espírito. Só que tem um problema, esta lavagem vai produzir frutos para a pessoa que tomou o banho e para qualquer um que se conectar com ela. Coloque o dinheiro na mão de um inútil, que ele irá perder e ficar pior do que antes. Tem um monte de gente boba no Brasil que faz a "fezinha". Não confie na fezinha, tem que ser fé, fezinha é incompleto. Pode até ganhar na Mega-Sena, mas vai perder. Sabe por que perde? Não é porque o dinheiro da Mega-Sena é amaldiçoado, é porque sua cabeça é amaldiçoada.

O dinheiro da Mega-Sena é igual ao dinheiro de qualquer lugar, vem do banco, as notas saem novinhas. A sua cabeça é que tem problema. Se toca em riqueza com a cabeça de pobreza, logo perde tudo. Olhei os mais de mil concursos da Mega-Sena e estudei a história de vários ganhadores deste concurso. Eles não ficam pobres, ficam piores do que antes de entrarem na aposta.

Em uma entrevista, perguntaram-me o que eu faria primeiro como Deputado. Respondi: proibir o ganhador da Mega-Sena de tocar no dinheiro nos primeiros seis meses. Porque você quer interferir na vida das pessoas? Esclareci: para ele nunca mais ficar pobre e para a economia do país ser pujante.

Não gosto de proibir nada, sou a favor da liberdade, mas pobre tem que ser proibido de tocar no dinheiro até aprender. Ficando seis meses sem encostar no dinheiro, os 50 milhões de reais podem render a 0,9%, 450 mil reais por mês. O que faz uma pessoa que vive com 2 mil reais, 5 mil não poder receber a renda da Mega-Sena, que dá 450 mil reais por mês. Por que perde o dinheiro? Entende por que eu iria proibir? Ele passaria os seis meses estudando sobre investimentos. Por isso que ele depende. Este é o código "quem aprende não depende". Você pode dar 50 milhões para alguém, mas se essa pessoa gastar tudo com luxos, festas, empréstimos e presentes para parentes, ela acabará desperdiçando a oportunidade.

Um dia, na Brasil Telecon, peguei um papel e uma caneta e sai perguntando: se você ganhar na Mega-Sena, vai fazer o quê? A primeira coisa que todo mundo fala é que vai dar um apartamento para o pai, para a mãe, para o meu irmão vou dar um apartamento.... Sabe o que vai acontecer? Você vai dar um apartamento para o pobre, que possui uma renda negativa e é você quem terá que pagar a renda!

Aquele imóvel, alugado, é outra coisa. Mas você vai dar um ativo, que vira passivo no final do mês, e a pessoa vai precisar de dinheiro para pagar a conta daquilo que você deu para ela! Eu vou abençoar alguém da sua família: vou dar este apartamento, que deverá ser alugado, e você vai morar em um outro mais barato do que o aluguel deste que eu dei.

No exemplo, se você pegar um apartamento, que é um ativo, e coloca para alugar, poderá ter 10 mil reais de renda por mês. Alugar outro de 5 mil, assim você paga 5 mil de aluguel e as suas despesas fixas. O apartamento gera recurso e paga o outro que estará morando.

> É melhor dar do que receber.

Se você for morar no apartamento de 10 mil, terá mais de 10 mil de despesas por mês! Esta é a triste realidade de quem só tem um ativo de renda. Quem não tem o ativo tem que ralar, trabalhar duro para trocar energia por não ter um ativo. Não irá vender o apartamento e nem morar nele. É um ativo superior à sua realidade de vida. Irá mudar a sua realidade somente quando construir um segundo ativo. Dá para você entender isto? Só que o bobo diz: quero é morar no apartamento! E como é que paga as despesas? Deus proverá!

Vários de vocês não sabem comercializar a colheita. Vários não sabem doar parte da colheita. Anote o código: é melhor dar do que receber. Se Deus perceber que você compartilha da mesma generosidade que Ele, certamente lhe concederá algo para testar sua capacidade. Deus não retém, Ele repudia aqueles que retêm o trigo. Em Provérbios, está escrito que, quando alguém enfrenta uma crise e segura o trigo, Deus o desaprova. Sempre que possível, dê ofertas generosas e não pare por causa dos críticos.

Toda crítica pode ser convertida, toda energia pode ser transformada. Pessoas más costumam falar mal de pessoas boas, mas, quando alguém desconfia e investiga, descobre a verdade.

TAREFA:

- Quais obstáculos têm dificultado ou impedido você de ser um multiplicador de talentos? Como pode superá-los?
- Quais ideias ou iniciativas você poderia implementar para contribuir com o crescimento e desenvolvimento de outras pessoas?

CAPÍTULO 5

NINGUÉM VENCE O AMBIENTE

Duas ou mais pessoas escassas num ambiente, o que vai acontecer? O ambiente de escassez vai reinar. Você tem um ambiente de pessoas positivas, o ambiente é de abundância. Talvez você não saiba, vi uma matéria sobre um teste científico feito em laboratório com ratos.

    Colocaram vários ratos num tubo de ensaio grande, aberto e colocaram água. O rato não dava conta de subir, andava incansavelmente por 15 minutos e morria. Nesta etapa vários ratos se afogaram. Quando colocaram uma segunda leva de ratos, ao se aproximar os 15 minutos que era o tempo de resistência nadando, o cientista retirava esses ratos e eles respiravam,

> Cada ambiente tem uma linguagem.

voltavam ao normal, então o cientista os colocava novamente no tubo de ensaio. O rato recebeu estímulo cada vez que saia do tubo para respirar, o tempo de resistência aumentou, e houve um rato que nadou por 81 horas. O limite dos ratos era de 15 minutos. Como aumentou a resistência? Com o ciclo de renovação da esperança, eles tinham certeza de que alguém iria salvá-los.

Você que sabe que Deus o salvou, sabe que tem uma irmandade, tem família, tem Deus, você tem acesso para transbordar. No ambiente de esperança, um rato lutou por 80 horas, a média dos ratos que lutaram pela vida foi de 60 horas. Os meus filhos têm 10, 8, 4 e 2 anos. Eu pergunto a eles: Vocês querem televisão no quarto? Eles respondem: "Quero, quero". Eu falo: 'Então casa. Aqui nós vamos viver a vida real'. Sabe o que acontece, às vezes você não tem paciência com o seu filho, a sua vida real é por uma babá na frente dele. Mas assim está gerando ambiência, doutrinando-o com o desenho animado.

Cada ambiente tem uma linguagem. Nós fomos à Bolívia, um ambiente difícil, uma cultura de escassez, de miséria e de vitimização muito grande. Eu fiz uma proposta: "Vamos mudar a energia, mesmo nesse ambiente, vamos comprar alguma coisa diferente e dentro do ônibus vamos fazer um pitch, vamos ver quem consegue contar a história mais interessante". Que legal foi isso. Era uma galera correndo para comprar alguma coisa, gente dando risada, que experiência. O ambiente mudou.

Você pode me perguntar: "Vocês estavam ainda na Bolívia?". Sim, estávamos no mesmo lugar que havia gente reclamando, o ambiente quem muda somos nós. O ambiente ficou muito divertido, parecia que estávamos na Disney, e nós estávamos nos divertindo com pouco. Foi um grande desafio encontrar algo inusitado.

Há pessoas que não servem para ser levadas no barco. Há pessoas que pesam mais do que a capacidade do barco. Você pergunta: "Pablo, o que eu faço? Jogo a pessoa no rio?" Eu lhe digo: 'Não jogue no rio, mas largue num barranco'. Aqui, onde estamos pescando, entramos no barco às 5h da manhã e ficamos até às 6h da tarde, todos os dias.

O ambiente muda. Você não bebe, mas encontra o seu amigo no bar todos os dias, você acha que vai durar quantos dias sem beber? O que falam no bar? Coisas sobre a nobreza? Não. Somente sobre mulheres; se você já tem a sua mulher, não vai falar dela para os outros. Então que ambiente é esse?

O ambiente gera comunidade, gera frequência, gera linguagem. O poder que esse livro tem é um poder de terapia, você vai mudando a sua mente. Mas atenção, a novela também tem poder de mudança de mentalidade. Essa coisa de novela, de filmes, se você depende dessas coisas, a sua vida é chata.

Hoje, estava falando com o canoeiro daqui do Pantanal e ele disse-me que não sai daqui do Estado. Há um índice de 50%

> Não são os mais fortes, mas são os adaptáveis que se tornam os mais prósperos, é importante se desapegar e se adaptar rapidamente.

dos brasileiros que não se deslocam do município, como se tivesse um bloqueador dentro da cabeça deles. Nós somos 214 milhões de pessoas, 100 milhões nunca se moveram da própria cidade. Sendo que dá para sair a pé de uma cidade para a outra. O que significa isso? Mapa de mundo. Sou da roça, sou pescador, lá a atmosfera é outra. Aqui tem água sem fim.

Não são os mais fortes, mas são os adaptáveis que se tornam os mais prósperos, é importante se desapegar e se adaptar rapidamente. Se você não sai da sua cidade, a sua cabeça é menor que a sua cidade. Pessoas me escrevem perguntando: "O que faço, estou numa cidade que ninguém quer crescer?" Eu lhe falo: 'A sua cidade é a internet'.

A cidade onde moramos, Barueri, é pequenininha, mas é uma das cidades mais ricas do Brasil, por quê? Por conta da mentalidade. A cidade de vocês agora é na internet. O que você precisa fazer para crescer no digital? Alargar o terreno. Já ficamos hospedados no maior prédio do mundo, o Marcos nem dormiu direito. Quando você pensa que os engenheiros mudaram aquele deserto naquela cidade desenvolvida, em Dubai, alarga o seu mapa de mundo. Se você está num lugar e tem mosquito como no Pantanal, não reclame, coloque um boné e vá fazer o que se propôs a fazer, vá cuidar da sua vida. Em vez de reclamar, você governa.

Adaptação é igual a sucesso. Se você der conta de se adaptar, vai subir de nível rapidamente. A água que vai correr nos ambientes não fica com frescura, ela percorre o melhor caminho. O jumento vai andar na serra, ele não precisa ler, vai pegar o melhor caminho. Isso se trata do princípio da eficiência, da otimização. O jumento era o fazedor de estrada antigamente. Como se fazia uma estrada? Colocava uma carga em cima do jumento e o soltava. Alguém pode dizer: "O jumento é preguiçoso". Não, ele não gasta energia com o que não precisa.

Você quer dominar os ambientes? Você precisa ter energia. Eu falo de riqueza. Você pode dizer: 'Para mim já está bom aonde cheguei'. A verdade é que você sabe que não está bom, você já se convenceu, porque sabe que vai dar trabalho, vai ter que acordar cedo, vai ter que aprender, vai ter que ser humilde. Por você não querer enfrentar tudo isso, inventa mentiras para se convencer.

Nunca foi o meu sonho ter uma Ferrari, andei com pessoas que tinham, porque mudei o ambiente; hoje, tenho uma. Nunca foi da minha vontade usar Rolex, para mim era coisa do passado. Agora estamos mexendo com o Patek Philippe (relógio). O ambiente vai mudar você. Se não quiser, o problema é seu. Mas, se você se adaptar, vai querer mudar o tempo todo.

Quando você tem prosperidade, é muito bom ter uma Land Rover, eu já dei umas cinco. Pode chegar um dia em que você nem vai querer mais ter isso, você será o doador disso.

Tenho uma sala comercial, comprei por R$37 mil, e hoje ela me dá R$1.000 mil por mês, é um bom aluguel. Imagine alguém que aluga a própria cabeça por cinco anos, 10, 30 anos. A sua cabeça era para ser uma cabeça de governante próspera. Estou falando de você trocar a sua vida, para pessoas usarem, a troca é por horas. Tem religião que aluga a sua cabeça, você quer fazer as coisas e ninguém permite. Você está pagando para alguém ficar na sua cabeça, tem alguma coisa errada aí. É pior ainda. Cuidado com esse aluguel, não vai ajudá-lo em nada.

Cérebro = terreno. Como é que você fez para ter o seu primeiro Rolex? Sei que é trivial no que se relaciona a alguém que não sabe como vai comer amanhã. Você tem que entender que não estou falando com uma única pessoa, ou um público, estou falando para muitas pessoas e não vou nivelar as pessoas por baixo. Vou mostrar para todos a parte de cima, você precisa crescer energia.

Você está passando por dificuldades, olhando para uma televisão, você está passando fome e está sentado num sofá. Duas coisas que vou falar a você que está desempregado e está caçando dinheiro para alimentar os seus filhos: não fique em horário comercial dentro de casa, mesmo não tendo emprego. Vá procurar um lote para capinar, porque, enquanto existir capim, não haverá pobreza dentro da sua casa. "Ai, Pablo, que grosseria". Grosseria é olhar para os seus filhos e eles não terem leite para tomar. Enquanto houver carro parando na sinaleira, dá para vender água. Enquanto houver gente com medo de ter o seu carro roubado, você poderá vigiar carros.

 O meu primeiro trabalho foi o de vigiar carros, recebi R$18,00 no primeiro dia, hoje equivale em torno de R$100,00, em 1996. Eu tinha uma mentalidade escassa, de nem ter um relógio. Mudei o ambiente, comecei a andar com ricos, multimilionários e eles falavam: "Qual é o seu Rolex." Eu estava sem nada no meu braço e pensei, porque não tenho um Rolex? Eles me perguntaram: "Por que você não tem um Rolex?" Respondi: 'Nem sei explicar'. Mas eu sabia explicar dentro de mim, pensava, é coisa de otário, de pessoas que não sabem o que fazer com o dinheiro.

 O ambiente foi me forçando para eu comprar um Rolex. Alguém disse: "Você foi influenciado". Fui mesmo, e agradeço por isso. Se você não plantou, não terá um Rolex, a não ser por sorteio. Fale assim: "Eu vou plantar". Todos nós somos influenciados e influenciadores. Vocês são mais influenciados ou mais influenciadores?

 Está escrito na Bíblia, se dois ou mais homens concordarem em alguma coisa, vai acontecer. Vocês podem realizar. O Senhor Jesus, que fazia milagres por onde passava, não realizava na sua terra, por quê? Porque as pessoas O conheciam desde criança e não acreditavam que Ele poderia fazer maravilhas. Muitas pessoas somente prosperam quando saem de perto da sua parentela, que não acreditam nela.

Em Goiânia eu valia X, mudei para São Paulo, passei a valer diamante. Quando você troca de ambiente, aquele lugar anterior começa a valorizá-lo. Por que o mundo é desse jeito? Você vai analisar a história dos homens de Deus que constam na Bíblia que cumpriram com o seu chamado, todos trocaram de ambiente.

O único que não deveria trocar de ambiente era Adão. Ele deveria permanecer no Jardim para expandir a terra, e saiu. Você foi chamado para governar. Nós estamos aqui no Pantanal, com o objetivo de pescar. Mas, adorando ao Deus Vivo, cinco pessoas foram batizadas. Estamos em um grupo com 32 pessoas nesta viagem, 10% das pessoas foram batizadas. No mover, nós estamos pescando muito mais que peixe, estamos pescando almas, foi isso que o Senhor Jesus Cristo nos mandou fazer.

> Vou lhe dar uma tarefa: Se você não consegue mudar no ambiente em que você está hoje, saia daí.

Muitos ficam assustados quando ouvem sobre isso. Dizem: "Mano, estou seguindo você para ser rico". Que riqueza maior há do que aquela que você carrega e coloca dentro das pessoas. Nós não estamos falando para você ser trouxa, andar de carro importado, se exibir para outras pessoas, nunca ensinei isso e jamais ensinarei. O ambiente transformou cinco almas, o ambiente mudou tudo. Nós fomos correr, jogamos bola com os ribeirinhos (...). Vou lhe dar uma tarefa: Se você não consegue mudar no ambiente em que você está hoje, saia daí.

Há uma regra muito interessante: A regra do 100. 100 horas por ano, você divide, dão 18 minutos por dia. Se você fizer qualquer coisa 18 minutos por dia: ler, escrever...Há uma pesquisa que, se uma pessoa realizar algumas atividades por esse tempo diariamente, por um ano, estará acima de 95 % das pessoas naquelas atividades, é a elite. A pessoa nadar, correr, andar de bicicleta, 18 minutos por dia, já estará no grupo de elite, estará no topo daquele negócio. Isso é para você refletir como é a capacidade do cérebro humano e o quanto você desperdiça.

Você me fala: "Pablo, não sei vender". Treine vendas 18 minutos por dia. "Pablo, não sei comprar." Pratique 18 minutos por dia. "Quero palestrar." Eu lhe falo: Faça palestras 18 minutos por dia.

O fato de andarmos, em uma turma, 5 km por dia, nos garantiu completar 670 km do início do ano até agora, mês de maio. Faça todos os dias. Não faz todos os dias quem é fraco. Como faz para a fraqueza ir embora? Sentindo novas dores. Digo para a minha dor: "Aluguel aqui é caro, dor no ombro, a senhora está boa? A senhora tem 100 mil para pagar por mês"? "Não. Então, vá embora". Seja resistente, seja persistente.

Eu estava com um derrame no joelho. O meu médico do Albert Einstein falou: "Você não vai correr". Falei: "Pode mandar seis soluções, menos parar de correr." Sabe o que aconteceu? O meu joelho já parou de doer. Uso joelheira, uso o melhor tênis, aprendi a correr, a pisar na corrida, tenho um mentor, o Marcelo Lopes, corro com o Adones. Ensinei aos meus filhos de 10, 8 e 4 a pisar para correr. Corremos juntos 5 km, com exceção do mais novo. Por que essa geração é fraca? Porque o pai deveria estar com você o ensinando a correr, sobre a vida espiritual.

Sobre a vida espiritual, devo aprender com o pastor, mas deveria ser com o pai, com a mãe ou em casa. Algumas pessoas aprenderam na rua, mas não dá para voltar atrás. Agora é hora de crescer. A parte boa é que estou aberto para o ensino e gosto de ensinar sobre tudo.

Aqui vai um conselho do Tiago Rocha, um grande conselheiro: no Million Club, até o final dessa turma, escolherei um sócio para um negócio. Espero que você já esteja fazendo as suas coisas para que eu possa ver o negócio nas suas mãos e potencializá-lo. Os colaboradores que trabalham comigo vêm do Método IP, do SPR. Se você deseja aprender e está por perto, não estou falando de emprego, esse não é o objetivo. Não recruto pessoas do mercado só porque são "espetaculares". Quero pessoas que tenham frequência e unidade de linguagem.

Às vezes, durante um culto na empresa, pego o celular, começo a gravar e filmo tudo. Depois, assisto ao vídeo, pauso, tiro uma captura de tela e envio para o RH. Pergunto: "Quem é essa pessoa?". Analiso a configuração mental dela e percebo que ela não se encaixa naquele ambiente. Alguém pode dizer:

"Essa pessoa é isso e aquilo". Eu digo: "Quero que demita essa pessoa".

Depois você vai descobrir que a pessoa é completamente tudo o que nós falamos, está lá para arrumar um emprego, e eu pego somente na energia. Ando dentro das empresas, e percebo as pessoas pela energia. Não preciso perguntar nada. Se você falar, então revelo um decreto a respeito. Encontrar pronto, acredito que não é a solução. Mas investir, e ajudá-lo a desbloquear naquilo que é necessário, assim acredito que é possível você ter um bom sócio. Eu mesmo estou buscando sócios.

TAREFA:

- Anota aí os 7 ambientes que você frequenta: o religioso, a casa dos seus pais, a sua casa, o profissional, suas amizades fora desses ambientes, a internet.
- Anote sete ambientes e dê nota para cada um deles e qual é o seu papel nesses ambientes, por exemplo: no ambiente profissional: nota 5, sou o líder.; no ambiente tal: somente sirvo. No ambiente número tal: sou dominado.
- Relate o que significam esses ambientes para você. Quando você vir a nota, você perceberá o ambiente que é manipulado e você mesmo pode construir o seu ambiente.

CAPÍTULO 6

NETWORKING MILIONÁRIO – COMO CRIAR RELAÇÕES PARA CHEGAR AO MILHÃO

Networking é relacionamento. Vamos falar do relacionamento com Deus. Alguém tem intimidade, outros tem a interação, ainda aos que têm a veneração e há o grupo da indiferença.

A interação é física. A intimidade é com a alma. A veneração é uma admiração, ela o mantém distante. A indiferença não valoriza absolutamente nada.

A intimidade é do endocárdio com o endocárdio, pode ser rápida, mas é um tempo de acesso. A interação é física, gera coisas muito interessantes, às vezes a pessoa é apaixonada, mas não é íntima. O estágio mais poderoso do relacionamento

> O estágio mais poderoso do relacionamento é o da intimidade.

é o da intimidade. Há casais que fazem sexo, mas não tem intimidade, tem interação física. Como é que um casamento é destruído? A pessoa chega no nível de aversão, não dá conta nem de ouvir o outro. Tem aqueles que estão no nível da indiferença, tanto fez, como tanto faz, o meu cônjuge (...). Tem outros casais que estão no momento da admiração: "melhor pessoa". Aqueles casais que estão na interação, praticam esporte juntos, fazem praticamente tudo juntos e têm o nível de intimidade, que é uma coisa de alma, é muito forte.

No networking, não dá para ser íntimo de todos. Por exemplo, o número do meu telefone celular não informo para qualquer pessoa. Alguns homens que estavam na pescaria tinham aversão a minha pessoa, devido às esposas que estavam me acompanhando e mudaram a mentalidade. Depois de algumas fases, eles passaram a se sentir íntimos a ponto de compartilharem histórias de vida como se fôssemos os melhores amigos do mundo.

> No *networking*, não dá para ser íntimo de todos.

Como é que se dá intimidade? As pessoas que se aproximam de mim, por exemplo, algumas já foram há 50 palestras que apresentei, fazem perguntas nos eventos, se expõem, faço uma pescaria, a pessoa está lá.

Na admiração: se eu não fizer o que você deseja, logo você entrará na fase da aversão. Então, para você subir de nível, é necessário se libertar dessa fase, a da admiração, caso contrário, você será puxado para baixo. Por quê? Admiração é um vale que você se cria entre você e a pessoa.

Você precisa subir o nível para chegar no nível de intimidade, e isso é com Deus, com o seu cônjuge, com o seu mentor. Não há mentor que seja inacessível. Intimidade é conexão com o coração.

A interação: você que tem filhos, mas não tem intimidade com eles. Intimidade é quando alguém diz: "deixa lhe falar, estou sentindo isso". Tem gente que corre comigo, o que acontece? Está criando interação, pode vir a ter intimidade. Às vezes alguém me vê no shopping, é meu aluno, mas fica com medo de falar comigo, você sabe o que é isso? Aquele que tem medo está na fase da admiração.

Algumas pessoas me falam: "Você é um grande mestre". Se for sobre a Palavra, eu aceito; mas me vejo como irmão mais velho, levando para um contexto cristão, mesmo tendo mais idade que você.

SÃO SETE NÍVEIS DE NETWORKING.

Qual é o problema de vocês? Vocês gostam de serem enganados. Porque você quer do dia para a noite sentar nas mesas poderosas do país. Se alguém falar para você que tem como antes de três, quatro anos, dedicado naquilo que estou ensinando, essa pessoa está mentindo. É fundamental se dedicar de corpo, alma e espírito para atingir níveis mais altos.

A maioria de vocês está no nível 1. Para subir de nível, você precisa se conectar com quem está no nível acima ao seu, depois disso, você também precisa se desenvolver e gerar energia. Essa energia será vista e isso servirá como uma credencial para acessar o próximo nível.

Formato:

Intimidade

Interação

Admiração

Indiferença

Aversão

Níveis:

nível 7	ecossistemas 10 mil pessoas
nível 6	0,0000%
nível 5	0,000%
nível 4	0,00%
nível 3	0,5%
nível 2	1%
nível 1	a maioria da população, 97%

Net = Rede, Working = Trabalho

Esses dois precisam se conectar na mesma engrenagem. Pessoas estão no nível 1 e querem se conectar com quem está no nível 7. Não será possível essa conexão. A conexão acontece por níveis 1, 2, 3, 4, 5, 6, 7, nessa sequência e não é um pula-pula, exemplo: 1 para o 7.

Vamos falar de quatro tipos de riqueza:

- a riqueza financeira;
- riqueza social;
- riqueza intelectual e;
- riqueza de saúde.

Há também: a riqueza espiritual, a riqueza almática, e ainda há outras. Em geral, as pessoas querem a riqueza financeira e a riqueza social. Mas e a riqueza familiar, a espiritual, a geográfica, a de saúde, de tempo, essas você espreme e destaca as duas que você entende que tem mais poder. Mas quero lhe falar que a riqueza financeira e social não têm tanto poder como você imagina.

Se você está no nível 1 e pensa que precisa de dinheiro para chegar ao nível 7, está equivocado. Se vocês pegarem o meu telefone e analisarem as minhas conversas de whatsapp com pessoas que vocês respeitam muito, não levamos a conversa adiante. O nível 7 é de ecossistema. Os donos de ecossistemas são todos conectados.

Você está no nível 1, tem que gerar valor, desenvolver ações para chegar no nível 2. São 97% das pessoas que estão no

> O capital do *networking* = Capital social. É a medida que a sociedade avalia você. Se você anda com certas pessoas, você é avaliado pela média dessas pessoas.

nível 1. GV: A chave mais poderosa para todos os níveis: gerar valor.

Quando nós estamos dispostos a crescer socialmente, nós estamos falando de capital social. O capital do networking = Capital social. É a medida que a sociedade avalia você. Se você anda com certas pessoas, você é avaliado pela média dessas pessoas.

No networking é necessário alavancar capitais. Por exemplo, capital intelectual. Você tem uma inteligência um pouco reduzida, por quê? Porque você vê televisão o dia inteiro e você não está se desenvolvendo intelectualmente, você não está desenvolvendo a área de conhecimento.

Você deve se conectar com outras pessoas, crie um grupo de transbordo, isso aumentará o seu capital intelectual, você ficará mais interessante. Se vocês fizerem as tarefas, crescerão mais. Você precisa aumentar constantemente o seu capital intelectual, espiritual, familiar, almático, de todos os estilos.

Na minha casa, eu dou treinamento. Outro dia eu tinha um material nas mãos, o meu filho mais velho se interessou e me pediu. Eu disse: 'Vendo para você'. Mas você é meu pai". Respondi: 'E você é meu filho'. "Por quanto você me vende?" 'Exatamente por ser o seu pai, permito que você faça o valor'. "Compro por R$130,00." 'Negócio fechado'.

Após algumas horas, vi o meu filho negociando com uma colaboradora sobre o produto que ele havia comprado de mim recentemente. Ele disse a ela: "Vendo para você por R$310,00." Ela falou: "Faça um desconto. Parcela?" Ele disse: "Não, desconto não faço, mas parcelo." Ela falou: "Então, tenta vender na escola, se não fechar o negócio, nós conversamos novamente". "Não, você gostou, é seu, faço por R$290,00 e parcelo em 2X". A moça respondeu: "Negócio fechado".

Em menos de 1 hora, ele fez negócio. Ele comentou comigo: "Papai, fiz um negócio muito bom". Eu disse a ele: 'Se você entender o que acabou de fazer, se repetir essa operação diariamente, você vai ficar muito rico. O negócio é como comprar, como você é meu filho, deixei você comprar abaixo do preço, mas eu não esperava que você não fosse usar". Ele falou: "É muito legal".

Disse a ele: 'Esse é o mercado, mas observei que você quase perdeu o negócio. Nós não somos ruim em negócios.' Então, ele ainda não havia me pagado, já fez outro negócio, comprou por R$130,00 e vendeu por R$290,00.

Alguém me falou: "Mas você não deu ao seu filho?" Respondi: 'Rapaz, dou treinamento'. Esse treinamento deve ser realizado em casa. Muitos de vocês não foram treinados. Estou dizendo que vocês precisam treinar os seus filhos. A base aqui é de você ser sábio, e não mesquinho.

Estou ensinando que você ganhe na compra. Esse menino está pedindo para entrar no Million Club, vou permitir, mas ele vai pagar. Ele não vai contar nos livros dele: "O meu pai me deu o primeiro milhão". Ele vai entrar, e eu vou dizer o que precisa ser feito para bater o R$1 milhão. A minha avaliação sobre ele é a de que em 1 ano ele consegue.

Networking não é fama. Networking é tração. Nós, que estamos no nível de ecossistemas, não cobramos nada uns dos outros. Nós fazemos as coisas juntos e trocamos energia. Se esses caras do nível 7 me falam: "Quero mandar 7 pessoas para a sua imersão". Nós trocamos energia, não cobramos nada.

Depois que você entender sobre intimidade, interação, admiração, indiferença e aversão, vai perceber que todo o esforço para impressionar as pessoas gasta energia. Indiferença não gasta nada. Admiração gasta muito. Interação é investimento, e intimidade também é investimento.

Quando compro um terreno, vou lá com as retroescavadeiras, derrubo tudo para construir prédios. Os primeiros 21 dias serão para derrubar as coisas que estão erradas aí na sua cabeça. São 21 dias de aulas diariamente, incansavelmente.

Serão 21 dias desconstruindo mentalidade de escassez, depois haverá o Método IP. Por que a maioria das pessoas estão no nível 1? Porque elas não resolvem os conflitos, não se resolvem emocionalmente, brigas, não revelam nada, não perdoam. Alguém me falou: "Eu não levo desaforos para casa". Você está errado, tem que levar. Se você não levar o desaforo para casa, irá quebrar a engrenagem. Você deve confrontar, quando é possível. Mas não dê passo para frente para a afronta, dê passos para trás.

As pessoas do nível 1 não têm paciência. Qualquer coisa: "Vou te bater, vou pegar você, vou acabar com você". Agora, qualquer coisa que você treinar 100 horas / ano estará na frente de muitas pessoas. Estou lhe entregando o ouro, todos os dias. Estou aqui falando tudo o que aprendi.

Nós já falamos de capital aqui. Há também o capital erótico. Alguém pode dizer que é muito bonito. Não estou me referindo ao sexo. A sexualidade é da intimidade com uma pessoa. Tem gente que pode estar pensando, que coisa é essa! Para você não ficar preocupado, vou trocar o nome para "capital atrativo". Você quer subir de nível, mas não alavancou. Se eu pegar uma foto minha de sete anos atrás, você não me reconhece.

Fomos para uma pescaria há pouco tempo, não havia nenhuma mulher. A primeira mulher mais importante da minha vida é a minha esposa, a segunda a minha filha e a terceira a minha mãe. Não tomaria banho, não pentearia o cabelo, não faria a barba e estaria pesando 130 kg, não faria exercícios, não teria colocado lente nos dentes. Então, ter uma mulher é uma benção, porque sou um bicho do mato. Se você entende o que é isso, você vai querer ter uma boa mulher com você. Porque, se não tivesse esposa, não estaria preocupado com nada. Por isso trabalhei com esse capital atrativo, senão seria um capital do pantanal.

Estou falando da fraqueza e das limitações do cérebro se eu não tivesse pactos. "O Pablo fez pactos?" Fiz com Deus, com a minha esposa, com o Reino, com pessoas que estão aliançadas comigo para prosperarem e alcançarmos mais pessoas. A força desses pactos faz eu governar dentro de limites. Se não eu romperia com todos os limites. A força desses pactos fazem a minha força ser canalizada para certas coisas. Porque já descobri muitas coisas a respeito de nação, governo, terra, política...

Eu tenho pacto com os meus filhos, falei a eles: 'Todos aqui em casa terão a unção do José do Egito'. Praticamente todas as famílias têm apenas 1 José do Egito. Não se trata de maldição, mas é falta de visão do pai que não treinou os seus filhos, cada um no seu propósito. São raríssimos os casos em que todos os filhos são plenos, amáveis, amados e conseguem de fato prosperar.

Falei, na viagem da pescaria, que não era uma viagem para pescar peixes; sempre descubra a parte espiritual do que você está fazendo. Falei a eles: 'Vocês serão treinados pelo melhor treinador deste país, vocês não tem obrigação de me dar nada e nem de me fazer feliz. Mas vou dar a unção do José do Egito, que eu carrego, farei com cada um de vocês'.

Fui ao futebol, dois filhos meus nunca quiseram jogar. Agora, estão jogando com os meninos do condomínio e me pediram para treiná-los. "Papai, como é que podemos melhorar?" Fui com eles no campo, e dei estratégias. Eles jogavam e reclamavam todos os dias, porque alguém os derrubava. Falei que a reclamação não era bem-vinda e que iria pagar um treinador, não para que se tornem jogadores de futebol, mas para serem treinados e dominar essa habilidade.

Os pais querem dar riqueza para os filhos. Eu lhe falo: treine os seus filhos, você dá a riqueza sem treinamento, eles vão jogar tudo fora, porque você não ensinou valores. Dominar em alguns esportes vai fazer você render muito em alguns segmentos.

> Se você não tem habilidades em determinadas áreas, como a do esporte, você precisa ter um mentor, alguém para o ajudar, para ressignificar rápido.

Fui a casa de um empresário, lá estavam jogando beach tênis. Nunca havia jogado, mas tenho uma certa habilidade com a raquete, entrei no jogo e ganhei. Todo o investimento que você fez sobre esporte, haverá uma hora que você terá um retorno sobre isso. Se você não tem habilidades em determinadas áreas, como a do esporte, você precisa ter um mentor, alguém para o ajudar, para ressignificar rápido.

Sobre a pescaria ainda, nós combinamos com os nossos pais de irem conosco. O meu pai desistiu quando já estávamos prontos para a viagem. Comprei a passagem para ele, e ele me disse: "Não vou." Falei: 'Está bom.' Eu estava correndo às 2h da manhã aqui no condomínio, olhei a mensagem dele, já chamei o meu sogro, que estava vacinando o gado dele, aceitou o meu convite, cancelou algumas coisas, e viajou com a gente.

Se não foi possível do seu jeito, vai de outro jeito. Não reclame, não fique magoado, a riqueza está na sua mente. Você não pode se entristecer com certas coisas, ressignifique o tempo todo. O que é ressignificar? Re - Significado, dar um novo sentido, uma nova experiência.

Ficamos dentro de um barco por seis dias, e, mesmo assim, eu corria 6 km, não tem desculpa. Lá em Aspen, estava -17º, não deixei de correr. Estava caindo neve, a roupa era pesada, mas não deixei de correr. Todos os dias eu corro, não interessa se estou próximo de um vulcão, na floresta, vou correr, instalei isso na minha cabeça.

Você pode me falar: "Pablo, você nos chamou para a live para falar de networking e está contando tantas histórias." São as histórias que movem o mundo. Você não gosta de ver filmes? De ver série na Netflix? De assistir a lives? Ou você acredita que dá para ir direto ao ponto? Funciona assim no casamento, ir direto ao ponto? Não. Funciona assim com Deus? Não. Funciona assim com gente? Não.

Você fala: "Serei o mais rico do Brasil". Não precisa falar assim. Diga: "Serei o mais próspero do Brasil". O rico é aquele que tem resultado. O próspero é aquele que mais cresce. O rapaz corre na neve, na montanha, no calor, em qualquer lugar, você falou que faria; faça então.

Não queira subir para o nível 7, se você ainda está no nível 1, suba devagar, faça o que você precisa fazer. É muito engraçado quando uma pessoa do nível 2, 3 força a barra e diz: Quero andar com você". Mas lhe falo: não funciona desse jeito. O que nós vamos fazer? Deixar de sermos interesseiros e sermos alguém interessante. Gerar energia. Gerar valor e tudo isso vai contribuir para que cresçamos na vida.

Você sabe que a Bíblia fala mais de riqueza do que de salvação? Leia a Bíblia, Abraão, José do Egito, Davi, Salomão. Se a pessoa impedir o progresso, ela vai impedir o lugar multimilionário de entrar. Quando eu quero desconstruir uma casa num terreno, para construir um prédio e a pessoa da casa demonstra dúvidas sobre fechar o negócio, porque gosta demais da casa, eu ofereço a cobertura do prédio, porque a pessoa é apegada demais naquele lugar, naquela casa. Para subir para o próximo nível, em algumas circunstâncias, é necessário desapegar.

O que é isso? Para construir coisas novas, é fundamental derrubar os lixos e desconstruir. Você quer ficar bom no networking? Aumente os seus capitais, ouça assuntos que não estão na roda de amigos que você anda, vá estudar. Eu compro livros o tempo todo. Eu pego um livro e procuro somente os códigos. Toda atividade nova que eu aprendo, falo: 'está pago.'

Tudo o que vou fazer pego o ROI. Exemplo: você tem preguiça de correr, de fazer exercícios, vá na internet e compre uma esteira, e toda vez que estiver me ouvindo, corra nessa esteira. Diga: "Vou construir a minha própria história". Hollywood conta história, a Bíblia conta histórias. Storytelling tem uma importância gigantesca.

Para chegar no nível 7, leva pelo menos cinco anos, os mais resistentes levam dez anos, 20 anos, mas é melhor levar esse tempo do que não chegar neste nível. Vamos desconstruir as suas tretas com o seu pai, com as suas crenças.

O Million Club vai funcionar assim: 21 dias desconstruindo crenças limitantes; 2º. Método IP, 3º. Você vai preencher um relatório sobre a sua vida, o estilo de vida. Então pegaremos um dos sete trilhos, vamos pegar um caminho e tratar o que for necessário. Depois vamos para o business, para os negócios. Todos os participantes deste Programa terão acesso às referências bibliográficas com 50% de desconto e também descontos nos eventos, no que se refere às minhas palestras, você terá acesso livre, não vai pagar.

Alguém me perguntou: "Qual é a sensação de ser bilionário?". Quando você não pensa mais, um dia quero comprar isso, quero comprar aquilo, porque você pode comprar a qualquer momento, a sua maior vontade é de servir. Todos os bilionários servem, eles têm essa sensação. O ruim não é ser bilionário, mas é andar na pobreza. Somente o fato de você estar prosperando, isso lhe dá paz. O segredo do negócio é não parar de prosperar.

TAREFA:

- Liste pessoas que você gostaria de conectar-se por meio de comunidades *on-line*, grupos de estudo, fóruns ou eventos presenciais relacionados aos seus interesses. Busque aqueles que possuem a mesma linguagem e unidade que você busca.
- Proponha um pacto de aprendizagem mútua, em que você se comprometa a apoiar e desafiar um ao outro no processo de adquirir conhecimento e desenvolver habilidades
- Faça um cronograma regular de encontros ou interações com seus parceiros de aprendizagem. Isso pode incluir sessões de estudo conjunto, discussões, recomendações de livros, artigos ou recursos relevantes.

CAPÍTULO 7

AS 7 HABILIDADES NECESSÁRIAS PARA SER UM MILIONÁRIO

AS 7 HABILIDADES NECESSÁRIAS PARA SER UM MILIONÁRIO

A primeira coisa, você quer ser um milionário? Então diga: eu quero ativar o milhão. Para desenvolver essas habilidades, você precisa primeiro comprá-las e não existe uma loja para isso, a experiência compra habilidade. Quanto você acredita que falta para bater um milhão? Você tem que saber a resposta, é claro que não vai acertar com precisão, mas é algo que precisa saber.

Por exemplo, estamos um mês acordados o dia inteiro = 720 horas, por ano = 8.760 horas. Dentro dessa quantidade de horas você precisa pensar em uma coisa específica: quais habilidades são necessárias para potencializar a sua performance e diminuir essa quantidade de horas. Você se conhece mais que qualquer um e sabe qual habilidade precisa desenvolver.

Se você precisa dominar a habilidade de vendas, então estude isso. Algumas pessoas dizem que precisam desenvolver a confiança e isso vem com resultados. Se você só estudar sobre essas habilidades, já consegue diminuir ou cumprir essas horas? Se você precisar de 1.000 horas de vendas, conseguirá isso apenas com 1.000 horas de leitura? De maneira nenhuma.

A composição de horas é feita da seguinte forma, você precisa de conhecimento, testar a habilidade, precisa transbordar habilidade na prática, precisa dominar isso e, quando isso acontece, precisa tracionar isso, quando você passa 1000 horas estudando sobre vendas, sua cabeça começa a subir o grau de confiança, e existe um driver mental aqui, confiança é igual a resultado. O resultado é o que faz com que eu confie em novos níveis de vida. Por exemplo: uma pessoa que assiste aos meus conteúdos e lê os meus livros já começa a aumentar o nível de confiança, ninguém confia naquilo que não tem parte.

A primeira habilidade poderosa de quem fala que vai ser milionário é o network. Recentemente fui ao Pantanal com meus sócios para desfrutar com eles, perguntei o que era mais importante nessa viagem, se era o peixe, ou o Pantanal e todos disseram: "Somos nós". Então precisamos focar naquilo que é mais importante: gente.

E como você desenvolve essa habilidade de network? Isso é o seguinte, você precisa tracionar e conectar com pessoas, é como uma engrenagem: de um lado é a net e do outro o trabalho. Network é uma rede de trabalho e precisa ser uma engrenagem funcionando. Em alguns momentos, as pessoas precisam de você, em outros é você que está pedindo ajuda. Não importa para onde está indo, todo mundo está se movimentando.

O que faz com que você não seja bom em network é que, desde criança se relaciona a orientação de seu pai e sua mãe, que disseram assim: "Cuidado com estranhos". São crenças que foram sendo instaladas na sua cabeça, não só essa como também a de que dinheiro é sujo e tantas outras coisas que se tornaram verdade absoluta na sua cabeça.

Você precisa se conectar a todo tempo, nessa conexão você será parte de um grupo e saca dessa mesma conexão e, por entender isso, você vai investir energia, eu invisto uma grana considerável nisso hoje. Se você não aguenta mais ouvir sobre isso é porque não está aplicando, se começar a aplicar, vai entender que o que eu estou falando é real.

Alguém me mandou uma mensagem uma vez que dizia: "como andar com bons influenciadores se nem tenho roupa para isso?" Eu lembrei-me das minhas conversas de quando tinha 12 anos de idade. Não é para você andar ao lado de pessoas, e sim na mesma frequência. Quando você fala de andar com alguém em um nível e está discutindo sobre a roupa, é porque não entendeu o que é network nem frequência. A pergunta dessa pessoa revela a maturidade dela. Para começar, você não precisa andar com influenciador, jovem, precisa crescer em graça, sabedoria e entendimento.

Muitas pessoas me dizem que querem adquirir network, mas não tem grana para isso. E se eu lhe falar que não precisa de dinheiro para começar?. Depois que você vai para a profissionalização do network, que é a última fase, aí sim você começa a pensar que é algo tão violento, que atrai tanto resultado que você pode investir dinheiro nisso.

A segunda habilidade é a comunicação. O que você entende quando eu pergunto o que é divisão? É quando duas pessoas andam juntas com visões diferentes, e, quando começa a ter essa visão diferente, imediatamente vai ter uma desconexão. A divisão é uma desconexão de linguagem, unidade e propósito. As pessoas criam dois caminhos, duas visões e vão se separar porque não têm como andar no mesmo nível. Isso é muito diferente de multiplicação, que é quando temos a mesma visão e empilhamos pressão na mesma direção.

A primeira habilidade que lhe apresentei foi o network, que é a arte de relacionamento e sei o que faz uma pessoa ser monstruosa nisso, que é amar a si mesma. O que Deus mais ama? É gente. Você olha para a própria figura de Deus, Pai, Filho, Espírito Santo, três em um, de tanto que ama relacionamento, Ele é um, mas é uma trindade, se você entender esse projeto, já vai começar a melhorar isso dentro de casa. Se tem relacionamento no mundo espiritual e no mundo da alma, é porque Deus gosta de gente.

Gostar de gente vai fazer com que você fique forte e próspero. O maior problema da maioria das pessoas é que, quando começam a crescer, elas começam a não se importarem com os outros, é normal, várias pessoas não querem abrir códigos com ninguém, e uma pessoa que faz isso não ama relacionamento.

A próxima habilidade que faz você diferente de todo mundo é uma vida inteira de estudo, isso faz você ter uma frequência de milhão. Você precisa investir na sua mente para continuar progredindo. É viver um life long learning, ou seja uma vida longa de estudos. Uma vida inteira de aprendizado significa que não tem fim, você pode ganhar um trilhão, sempre tenha um livro à mão, pegue uma pequena pílula e coloque na sua cabeça.

A quarta habilidade para você ter uma mente de milhões é ser resistente. Muitas pessoas acreditam que esse hábito está ligado a não fazer coisas novas, mas não tem nada disso, significa persistir naquilo que você falou que ia fazer. Antes de começar a correr, eu tinha resistência a isso, chegava a passar mal com essa ideia, eu dizia que aquilo não era para mim, essa é a resistência do mal, estou resistindo a algo que é bom para mim, ficando fora disso. A resistência boa é no sentido de que, toda vez em que estamos correndo, dizemos que amamos correr e estamos aumentando a nossa resistência.

Por isso que digo que existem duas resistências, a do mal, que é aquela que não deixa você prosperar, e a resistência positiva é a que faz com que você avance. Você precisa ser resistente positivamente. Muitas pessoas abandonam as coisas pelo meio do caminho, porque não aprenderam a arte de resistir, não aprenderam a dizer: "pode bater", porque o segredo não é ficar fazendo graça em um ringue, e sim se manter em pé após tomar um soco no meio da cara.

Um dos maiores segredos do boxe é aguentar ficar em pé depois de tomar um soco no queixo. Um piloto de corrida que consegue manter o carro sem bater no muro logo depois de alguém encostar nele está mostrando resistência. Agora, existem pessoas que você não pode encostar que já sai escorregando, parece que o muro chama.

A quinta habilidade é o repertório. Meu sogro tem essa habilidade, e se você falar qualquer palavra, ele começa a cantar uma música, se você trocar a palavra, ele encontra outra música muito rápido, ele tem um repertório musical assombroso. Repertório é igual a banco de dados. Esse emaranhado de dados vai fazer com que você seja interessante na frente dos outros. Tem gente que é muito rápida com piada, porque o banco de dados é muito forte, outras pessoas não deixam de solucionar um problema, porque tem um repertório monstruoso.

Quando eu falo de repertório, quero dizer que você precisa investir energia em ser bom em alguma coisa, se vai pescar, aprenda do início ao fim o que vai fazer. Tem gente que vai pescar e diz que vai pegar o maior peixe, mas não sabe nem colocar o anzol na vara, o peixe pode até vir e fisgar a sua isca, mas, como não sabe o que fazer, vai dar tração ao contrário, e você não consegue pegar, é como se fosse uma riqueza vindo para a sua mão.

Eu sei que acontece isso na vida real de muitas pessoas que até pegam um peixe pesado, e estão prestes a ganhar o jogo, mas o peixe olha e vê o pescador como um frouxo, porque o anzol está amarrado na linha, não deu as duas voltinhas como tem que dar, pode até achar que está certo, mas, na hora que vem o peixe, grande dá uma tração e some, igual à riqueza na sua mão.

O que estou dizendo é que, quando você conhece e entende, diminui o risco de ruína. Quando você começa a prosperar, entender e ajustar as coisas, percebe que desse jeito não vai sair. Quando o peixe fisgar a isca, você precisa cansá-lo, mas a pessoa se afoba e quer tirar a riqueza de uma vez. Você acabou de vislumbrar o milhão e quer arrancá-lo de qualquer jeito de dentro de você; calma, isso vai arrebentar a linha, o anzol vai abrir. Uns não sabem amarrar o anzol, a riqueza chega e diz: "Você é fraco demais, não vou mexer com você".

Como é que um peixe decide subir um rio, sendo que não tem placas rodoviárias, não tem transporte ou alguém chamando por ele, ou por que ele sobe um rio, e não sobe outro? Por causa da pressão da água. O peixe para na boca de um canal, sente a pressão e percebe que ali tem movimento.

Quando você descobre o que essa relação que acabei de fazer tem a ver com a sua prosperidade, você fica louco. Por que a riqueza não vai até você? A riqueza é igual aos peixes, quanto maior eles são, maior tem que ser a pressão da água, senão eles não vão entrar.

Você está cheio de ideia de riqueza, se você andar em uma tribo certa, você vai prosperar, mas, se você no meio de um monte de gente improdutiva, mesmo que carregue a riqueza dentro de você, vai ser trucidado por essas pessoas, porque elas são mais fortes no ambiente delas. É por isso que você precisa trocar o seu ambiente.

Alguém falou: "Termina o conteúdo". E se eu lhe falar que o conteúdo é você? Você pode mudar muita coisa na sua vida, porque você é o conteúdo.

A sexta habilidade é a virtualização. Por exemplo, o conteúdo deste capítulo foi produzido enquanto eu estava no meio do Pantanal.

A sétima habilidade é a liderança, que significa autogoverno, liderar a si mesmo, liderou a si mesmo, o que você não dá conta de fazer?

Chegando ao final deste livro, você precisa entender que, no Million Club, você está em um grupo reunido pela frequência que possui. Sei que alguns dos que se associaram ao clube, em alguns momentos, discordaram de mim, mas a frequência atrai. Contudo, não tem problema algum não gostar de mim, é só fazer uma pesquisa e encontrar alguém com quem possa desbloquear, aprender e subir de nível.

Entenda que em momento algum eu pedi para você ficar rico e exibir o que tem. Todo mundo vai ver quem você é. Chega de escassez!

Você pergunta: qual o segredo da riqueza? Não estranhe minha resposta, mas não tem segredo. Olhe para a natureza. Semente no chão, terra, sol, água, e pronto, ela vai germinar no tempo certo, de acordo com a sua espécie.

O humilde reconhece que precisa se conectar com aqueles que sabem mais, para aprender. Vítimas não prosperam. Saiba usufruir tudo que disponibilizamos no clube que vai impactar esta geração e promover o Reino.

TAREFA:

- Se você ainda não tem, pare e crie em sua mente, defina uma descrição exata do que você quer, a quantia exata que deseja adquirir.
- Faça uma avaliação completa de suas finanças atuais, incluindo receitas, despesas, dívidas e patrimônio líquido. Defina os próximos passos que o levarão a tomar posse da quantia que você visualizou na tarefa anterior.
- Prepare-se para receber o que busca e, sabiamente, administrar seus bens e usá-los a favor do Reino.

CONCLUSÃO

Espero que, ao final desta leitura, você tenha compreendido que a mentalidade milionária tem pouco a ver com o dinheiro na conta.

Vivemos entre dois sistemas falidos, o capitalismo e o socialismo. O primeiro treina pessoas e dá uma certa impressão de liberdade e prosperidade, mas na verdade constrói impérios grandiosos para poucos e limitam o crescimento da maioria para que possam continuar a explorar a força de trabalho da grande massa, enriquecendo cada vez mais, enquanto um número incontável de pessoas empobrece. O segundo, enojado por um sistema manipulador e exploratório, se lança num movimento de uma pseudlibertação, a fim de promover condições mais igualitárias entre as classes, mas o fazem nivelando todos à pobreza, gerando apenas uma mentalidade movida à dependência econômica, social que rouba qualquer tipo de senso de propósito ou realização pessoal.

Eu tenho um chamado para libertar essa nação e não vou parar; de um jeito ou de outro, cumprirei minha missão, vou treinar pessoas para serem governantes de suas próprias vidas e tornarem-se não apenas ricas, mas prósperas. Eu não sou um guru financeiro, você pôde conferir que neste livro não apresentei uma proposta mágica para você "virar um milionário". Pelo contrário, o que ensinei foram os códigos que acessei, das atitudes que precisei tomar e dos preços que tive que pagar para chegar aonde estou hoje: um empresário de resultados bilionários, palestrante, mentor e treinador dos meus filhos.

Não aceite nada menos que isso!

TMJADF!

**ENCONTRE MAIS
LIVROS COMO ESTE**

Camelot
EDITORA

CamelotEditora